清教 CHEERS

HERE COMES EVERYBODY

CHEERS
湛庐

梁品周易

周易的野心

宇宙深处皆是人性

梁冬 著

梁

天津出版传媒集团
天津科学技术出版社

上架指导：社会科学 / 传统文化

图书在版编目（CIP）数据

周易的野心 / 梁冬著 — 天津：天津科学技术出
版社 , 2025. 6. — ISBN 978–7–5742–3032–3

Ⅰ . B221.5

中国国家版本馆 CIP 数据核字第 20259FM134 号

周易的野心

ZHOUYI DE YEXIN

责任编辑：梁　旭

责任印制：赵宇伦

出　　　版：天津出版传媒集团

天津科学技术出版社

地　　　址：天津市西康路 35 号

邮　　　编：300051

电　　　话：（022）23332377（编辑部）

网　　　址：www.tjkjcbs.com.cn

发　　　行：新华书店经销

印　　　刷：唐山富达印务有限公司

开本 710×965　1/16　印张 19.25　字数 242 000

2025年6月第1版第1次印刷

定价：99.90元

重磅赞誉

在用漫画诠释传统文化的历程中，我深知挖掘经典魅力的重要性。"梁品周易"系列以其独到的见解和风趣的笔触，对《周易》进行了鲜活的解读。我对梁冬的支持，就是用我的画。

蔡志忠

知名漫画家，"金漫奖"终身成就奖获得者

读梁老师的大作，看得出是多年研习修行的真诚感悟，通透之处溢于言表。其中"天子易""君子易"的演进，周公旦开启"文化转基因工程"，世间博弈设计的"新约与旧约"，孔子编"六经"，以及《中庸》《大学》与《周易》的精神传承，总体上我觉得表述得非常清澈澄明，书中又将邵雍的"先天易"、荣格的共时性原理、集体无意识导入，足见梁老师纵横捭阖的驾驭能力。

段永朝

苇草智酷创始合伙人，信息社会 50 人论坛执行主席

梁冬在书中使用的一些帛书内容解读，以及对于卦辞、爻辞训诂方面

的考据，他说曾参考了我的《易经入门》。但是我心多旁骛，于易学久已荒疏。熟识后我们有所切磋交流，乃知其人好学深思，博学多才，通今古之变。深信此书能弃粕存精，出蓝而胜，入广大，致精微。

何　新
著名学者，《易经入门》作者

在"梁品周易"系列中，梁同学与大家一起读《周易》，跨时空链接国学圣人、经典巨著。这可以说是梁同学二十年的珍藏学习笔记，在此，特别向你推荐。

刘　擎
华东师范大学教授

"梁品周易"系列以独特视角将《周易》智慧融入现代商业实践，为读者提供了理解市场变化、团队管理和战略布局的宝贵工具。书中对卦象的深刻剖析和易学文化的解读，为互联网从业者架起了连接古老智慧与现代商业的桥梁，助力在信息时代保持敏锐与前瞻。

徐　勇
百度联合创始人，亿方公益基金会／振豫教育基金会创始人

打开《周易》的方式不少，梁冬发现了一种独到且令人兴奋的方式。他以"易"为经，以心为纬，展现出一幅幅不离日常又超离日常的典型场景，以及场景中个人应该有的境遇与抉择。

吴伯凡
新物种研究院院长，商业思想家

我认识梁冬二十年了，起初他遍访名师，博采众长。后来一门心思深入研究国学，我听他讲过《庄子》，今年又读到他研究《周易》的心得。

我认同他咬文嚼字、寻根溯源解读经典的方式。不落窠臼，很有新意，也很有说服力。

如果你觉得《周易》神秘高深莫测，学起来有畏难情绪的话，不妨先读读梁冬的这套图书。

徐文兵

知名中医专家，中医教育家，《知己》作者

通过"梁品周易"系列可以看到，梁冬同学是一位生命的"觉者"。做中医、教育、文化传播，他在不同角色中自如游走，始终如一的是对生命的好奇与觉知。他说在中欧 EMBA 北京班的学习经历，让他对战略、对管理更为敏感，我也很高兴，在毕业多年后，他仍能将商学院的知识连接到传统文化和日常思考中。祝福"梁品周易"系列创造更多的可能。

萧 斌

中欧国际工商学院北京校区首席代表

梁师从《周易》出发，探讨了关于世界、人生、生命、医道以及意识全方位的思考和深度观照。

这是一位深邃的思想者，他拥有一颗伟大而孤独的灵魂。我终于明白：梁师能给那么多人带来温暖和笃定，皆与此有关。世人大多看到的是梁师的才华，其实最动人的部分不仅仅是才华。谢谢"梁品周易"系列，否则我会错失一个重大的与梁师神交的机会。

读一本书，领略美妙的思想，心花怒放。

左常波

广州中医药大学针灸专业博士生导师，《针道》作者

这套书看着特别"好玩"，我甚至担心，它的趣味性会不会太强，以至于掩盖了它颇为深刻的思想？

陈鲁豫

著名主持人

"梁品周易"系列趣味十足，作为一名读者，无论看不看易学、懂不懂易理，都能从中体验到一种纯粹的阅读乐趣。我还特别喜欢每篇内容后面的"梁注"，好多观点都有一种穿透时空的锐利。历史有其局限性，也有其永恒性，打开这套书，就如同打开了一扇天窗，清新的空气四处飘逸。

陈黎芳

华为公司常务监事

梁冬的穿透能力很难被复制，他是个开悟的人，表面上游戏人间，其实内在的智慧，思考的问题很高级，是一个有慧根的人。他讲《周易》，不偏重说教说理讲清每一卦，而是讲个人感悟，每读一遍都会产生新的体会。

蒙　曼

文化学者，中央民族大学历史文化学院教授

和梁冬的合作让我深知他对内容的把控力和对传统文化的深刻理解。"梁品周易"系列充分展现了他对《周易》的深入研究和独到见解。这套书不仅是对经典文化的传承，更是对现代读者的一次智慧启迪。相信每一位翻开这套书的读者，都能从中感受到《周易》的魅力和力量。

余建军

喜马拉雅联合创始人兼联席 CEO

我前前后后接触过好几次《周易》，都没有系统学习，一晃已经好几年了，始终没有入门。

而这次翻开"梁品周易"系列，我才真正理解了梁冬老师如何以理工科的逻辑思维去理解《周易》的体系结构，将原本晦涩难懂的卦象爻辞与现实决策、生命体验相互融合碰撞，一口气读完本书真是让人直呼过瘾。

书中开篇以"周"字溯源展开历史长卷，带我们重回文王演易的传奇现场。这特别符合我理解事物的方式，我往往喜欢从事情的前因后果开始了解，这种"从源头理解本质"的叙事方式，让古老智慧瞬间有了血肉温度，如同与历代智者展开跨时空的圆桌对话，徜徉本书更是大涨见识。

最神奇的是，当我在飞机上阅读这本书的时候，抬头一看，巧得不行，本书的主色调竟然和航班飞机内饰的红色一模一样。这种"有意义的偶然"，真是绝妙的体验。

魏　明

明睿智囊创始人，优酷前总裁

《周易》永远一言难尽。它是儒家"六经"之首，孔子和他的弟子们最早开始对它进行研究、阐释。两千余年来，关于各家各学派研究《周易》的书籍已经汗牛充栋。"梁品周易"系列又为解读《周易》提供了很多有价值的观点，并有利于对社会公众作知识普及。

李 硕

青年历史学者,《翦商》作者

推荐序一 | 改变命运的《周易》因缘

李　硕

青年历史学者，《翦商》作者

《周易》永远一言难尽。

它是儒家"六经"之首，孔子和他的弟子们最早开始对它进行研究、阐释。两千余年来，关于各家各学派研究《周易》的书籍已经汗牛充栋。

"梁品周易"系列又为解读《周易》提供了很多有价值的观点，并有利于对社会公众作知识普及。

一起探讨《周易》的因缘

梁冬老师和我相识，缘起于他构思《梁品周易》的音频课程与书稿。

那是2021年的夏天，我正从事《翦商》的写作，其中包含对《周易》文本含义、历史背景的解读。四川大学的杨鑫教授联系我，说梁师正准备制作一门关于《周易》课程的音频，想和我交流一些想法。此后，在和梁师探讨学习的过程中，我发现了很多有价值的视角，产生了很多有价值的问题，不仅关乎对《周易》的解读，也涉及对殷周文明的反思。

但是，那时我还没意识到，和梁师一起探讨《周易》的因缘，会在一年多以后改变我的命运——让病危的我又捡回了性命。或者说，让我续命到如今，还有机会为"梁品周易"系列写下这篇推荐序。

说来有点话长。

2022年春，我的《翦商》基本完成，梁师的《梁品周易》音频课也开始定期发布。一次，梁师、杨鑫教授和我在一起，说起《周易》的占算预测方法。梁师一时兴起，提炼出几个和我有关的数字，当场卜了一卦，结果是"非常凶险"。具体的卦象，我已经忘了，但这个结论，我记得很清楚。

当时大家略有些尴尬，一笑而过，事情也就没有了下文。

其实，在写作《翦商》的全过程中，我的心情都非常差，因为要梳理殷商时代大量杀人献祭活动的考古材料，《周易》的卦辞、爻辞里，也有很多关于时人捕俘、献祭的隐晦记载。这种心境中的晦暗，甚至在书稿完成后也难以消散。

2023年的春天，我在南亚游历时突然病倒。回国住院检查后，诊断为肝胆系统癌症晚期。专家会诊认为，已经没有手术的可能性，只能放弃治疗，甚至存活期很难超过一个月。

我能接受这种退场，匆忙安排了一下身后事，便进入等待人生长假的心态了。

当时，我的症状主要是肿瘤组织把胆管全堵死了，插管引流也没明显效果，胆汁被迫进入血液，危及各种器官，生存质量很低，有时要连着打止痛针，十分难受，死了倒是个解脱。

据说一向随遇而安、听天由命的梁冬老师，彼时却做出了一个决定：他委托杨鑫教授，要使用一切手段抢救我。

杨鑫教授在四川大学工作，她的一部分研究课题，是危重病患的社会环境、临终心理疏导，见过各种走向死亡的危重病人，所以她觉得，人能平心静气地死去，挺好的，没想"扰动"我的临终生活。

在梁师那个反常的"指示"之下，杨教授几乎全面接手了我的治疗规划（其实当时医院已经放弃治疗），她给我安排了一个综合中医、西医手段的治疗方案，动用了各种方式，找相关领域最适合的医生挂号问诊，寻找能接收我住院的医院，等等。

这大概属于"死马当成活马医"，效果也超出了所有人的想象。

一个月之后，根据我的检测数据，外科主治医生判断，"如果能继续恢复，还有做手术的可能性"；两个月之后，我真的到华西医院进行了肿瘤切除手术。再经过化疗，至今还没检测到复发（据说复发概率还挺高，先不要得意忘形）……

在这些过程中，还有更戏剧性的，我不多提及，因为未必符合所谓科学常识，没必要徒然引起争议。

所以，回头去想，当初那个"非常凶险"，到底意味着什么？

而在经历了这些之后，我也没想过拿起《周易》推演一次，就像我没有投身研究癌症。

在我的病情未卜之时，一位也经历过绝症的师长，曾向我面授几条经验，其中一条是，"成为自己这种病的专家'。可惜我太懒，好了疮疤忘了疼，觉得专业的事情，交给专业的人去做就行了。

我和梁师都学习过《周易》，但侧重点不同。他擅长的，我就做不了，而且，我不会随便置喙。

盘点已知，探索未知

毋庸讳言，《周易》的本质，是一部古人用于占算、预测的书，也与周文王用于翦商事业的预测术有关。

但数千载以来，很多研究、注解《周易》的学者，关注的重点并非预测之术，而是它文本中包含的史料信息，包括商周易代之际的人物事件、历史背景、文字训诂、上古语法等等。我主要关注《周易》的这个层面。

但是，殷墟时代在甲骨上刻下"数字卦"的人，编写卦爻辞的周文王等，更关注的是另一个维度的东西。

现代人都会推崇科学。而科学的本质，我觉得，是盘点已有的知识，探索未知的世界。只有认识到存在"未知"，才有可能逐渐去知晓它。

如果觉得今天的人类什么都知道了，整个世界都已经明明白白，对任何问题都能清清楚楚讲出一套答案——这种世界观就偏离了科学的本质。

我们已知的存量越多，面对的未知就会越庞大。

举个例子，在《周易》卦爻辞中，本来有很多关于商代诸王杀人献祭的记载，但自从商朝灭亡之后，关于人祭的记忆就消亡了。今天的学者，只有借助殷墟考古和出土的甲骨卜辞，才能做出部分的推测来还原历史。

但在历史上，《周易》一直在流传，古代学者会给它做注解，最为经典的解读，是唐代学者孔颖达所作的《周易正义》。

比如，艮卦的一条爻辞中有"艮其限，列其夤"，很难看懂。孔颖达注解：限，为"身之中，人带之处"，就是环腰带部位；夤，是"当中脊之肉也"，后脊背上的肉。

这里说到腰带，明显指人的身体，其他动物不可能用上腰带；被摆列整齐的"夤"，自然也来自人的身体，而非猪牛羊等动物（其实在商代，"列"字未必是摆列之意，更可能和部首"刂"有关）……

唐代的孔颖达，应该不知道商代的人祭行为吧？那么关于"限""夤"这些字的反常解释，又是如何从商代传承到唐代的呢？

这些传承者们，难道真的不知道它背后的历史黑幕吗？

可见，我们知道的越多，随之而来的未知诱惑，会变得更多、更不可测。

再如，《周易》六十四个卦象，分为三十二对。它门组对的原理，是"颠倒成对"，把六个爻按从下到上的次序完全颠倒一遍。

为什么用这种方式成对呢？

古人都没明说，近乎无解。甚至，很多个卦的卦名，也没有公认合理的解释，其来源好像有点随机。

我用现代人的思维方式推测，**可能每对卦象，都反映了事物自身的"矛盾"形态——任何存在形式，都有它的反面；世间一切过程，都可以颠倒重来一遍。**

这完全符合我们中学学过的自然辩证法。而带着这种认知去看，有些例子更惊人。

比如，还是艮卦。

我推测，"艮"的卦爻辞，是周文王记录自己长子伯邑考之死，他作为人牲，如何被纣王屠剥、献祭。所以，它的爻辞里面，有很多关于人体器官、血肉的词汇。

和"艮"成对的，是震卦。对于"震"的卦爻辞，我找不到任何和人祭、和伯邑考有关的直接证据。

而古人对震卦的解释偏偏说，它代表的是"长子"……

也许，周文王曾探索，在某种特殊的时空关系里，借助卦象互相颠倒的顺序，他那被肢解剁碎的长子伯邑考，可以用某种方式再度拼接起来，完成重生？

　　至于他成功了没有，我们也不知道，因为那肯定不属于我们熟悉的这个时空的叙事了。

　　所以，古人的认知世界，不会像近代西方进化主义者想象的那么有限、单纯。

　　如果你不信，请想想孔颖达那些来历不明的狂野注解。

　　想象一下，两千年后的后代会怎么看我们这些"老古董"呢？你觉得，后代能把我们看透吗？

　　恐怕你会说："谈何容易，我还藏着好几手没亮出来呢，可爱的后人们啊，别太张狂！"

推荐序二 ｜ 打开《周易》的智慧之门

吴伯凡

新物种研究院院长，商业思想家

打开《周易》的方式不少，梁冬发现了一种独到而令人兴奋的方式。他以"易"为经，以心（富有个性化的场景想象力）为纬，展现出一幅幅不离日常又超离日常的典型场景，以及场景中个人应该有的境遇与抉择。

从单爻到全卦，从一卦到错、综、复、杂之卦，从场景的空间格局到情境的时间流变，读者能沉浸式体验到真实生存的"易"与"不易"。

从事实判断到价值判断

《周易》与其他书的不同在于，第一，它是"六经之首"，第二，它的能指和所指之间存在极端不对称。

对于古代中国人来说，《周易》就是"神谕"，过去打仗之前占算，诸葛亮、孙子自己算的都不管用，都要用庙算，古人认为那才是天意。

天意一定要有解释，所以《周易》本身就预留了巨大的阐释空间，甚至是巨大的过度阐释空间。这时候你再回过头来看，它本来是什么，已经不重要了。

比如，据《韩非子·外储说左上》记载，楚国郢都有个人写信给燕国的相国。夜晚写信时，烛光昏暗，他便对旁边持烛的人说"举烛"，结果嘴上说着，竟也把"举烛"二字写到了信里。燕相收到信后，看到"举烛"二字，理解成要广开言路，举荐贤能之人任用他们。后来燕国按此方法，得到了很好的治理。

王阳明也曾经在深陷绝境的时候卜到明夷卦，前五爻都是暗无天日的，最后一爻拨云见日，这就给了他非常强烈的暗示：我经历的坎坷是我的幸运，一帆风顺是老天没看上你。

每一次遭遇挫折，他都认为是老天对他的考验在层层加码，目的是让他成为圣人，所以他才会愈挫愈奋，才能屡败屡战。对这一卦的解读也就从事实判断变成了价值判断。

整个《周易》给我们提供了很多价值判断，我认为这比事实更重要。

解经的姿态

"易"的智慧为我们构建了一个从直到曲，从粗到细，从静止到动态的世界。中国古代的天文学与历法紧密相连，所谓"象天法地"，天为"象"，地为"形"，形是具体的，象是抽象的。会打仗的人要懂地形，还要会看天象。这对于西方人来说是很高级的，但是我们的老祖宗在数千年前就有这样的智慧了。

解经之路，无外乎两条："我注六经"与"六经注我"。只有那些很愚笨的人，才会说自己找到了正解，我想，这种人不太多了。

面对"神谕"，谦卑是首要的姿态。孔子读"易"的故事，正是谦卑解经的典范。这也是为什么我很欣赏梁冬在这套书里的写作姿态，他戏称之为

"读书笔记"，虽然在我看来，这套书的价值远不止于此。

顾炎武的《日知录》、王夫之的《读通鉴论》也是他们自己的笔记，但是我们后人能够从中看出许多有意思的东西。我们中国人几乎没有人说，"我写出了体系"，而只是针对眼前的事件发表看法，所以是技术的、解决问题的，而不是解释问题的。

很多解经的书，声称能告诉读者《周易》的"真相"，我认为那是不可能的，因为这个真相根本不存在。《周易》没有真相，而且它的价值就在于没有真相。

《周易》告诉你的是事，而不是物。事是多要素产生的持续反应，《周易》讲的是事件、事态，它告诉你这件事具备哪些东西，这一卦里有什么，错综复杂。

在解读古老的经典时，每个人都有自己的真实感受。它是一个事件，是《周易》和"我"之间的事件，它触动了"我"。我想对于今天的读者来说，这是更重要的事。

生活的元剧本

我研读《周易》多年，曾经遇到某件事时，尝试自己起卦，就起到了恒卦。回过头来，那一卦对我的帮助是巨大的。它让我保持了一种状态，就是不慌张。我认为当下我们面临的所有问题，最根本的解决方案，首先是不慌张。

因为《周易》已经为它的读者提供了生活的元剧本，而今天，梁冬又为这些读者提供了靠近它的阶梯。

我家门口有一个阶梯，如果没有那个阶梯，我每天要跳过一米七的高墙才能回家，那可能要练神功才做得到。但是阶梯的价值就是，让我能够回家这件事情变得一点都不神奇了，每个人都可以。

好多时候我们办不成事，其实是缺少阶梯。一件事办不成，一本书读不完，都是因为你忽略了阶梯，甚至你不知道自己忽略了。

看不见的鸿沟是最大的鸿沟，"梁品周易"系列就是在帮助读者跨越这个鸿沟，让《周易》的智慧变得可以被抵达。

我认为，这不是一套从头到尾"读"的书，而是"用"的书。你需要与这套书相伴，偶尔像老朋友一样见一次面，在这一刻有一次相遇，你可能会得到一个启示，并由此从焦虑感切换到紧迫感，让你有路径、有步骤、不慌乱地成事。

"易"之为经，不在心外，如果不悉心、潜心地品味、玩味，"易"与你心只能"同归于寂"；细细品之，隐匿经中的诸多形态、色彩和情势则一一悄然浮现。

在读"梁品周易"系列时，你也许就学会了如何在《周易》中品出属于你自己的真义和真味。

自序 | 从迷信，到德性，再到率性

周族如何成为殷商的代理人？周公旦如何把《周易》的内容做了一次"文化转基因工程"般的处理？邵康节如何发展出一套新的解卦体系？

《周易》如何借由一个叫卫礼贤的人，从中国去到德国，引起了卡尔·荣格的关注？荣格又是如何把它和现代物理学进行对比研究的？他如何借由对《周易》和《庄子》的研究，跳出西格蒙德·弗洛伊德对自己的影响？

"宇宙全息投影"这个物理学专有名词，又是如何与《周易》发生关联的？

这一系列的故事背后其实都源于一些特别有意思的问题：为什么有些人无论拿到什么卦，都能够帮你作出很有趣的解释和预测？到底是卦象重要，还是那个人的直觉和常识重要呢？这是我在本书里想和大家探讨与分享的。

了解一件事情的历史，有助于我们从根本上获得对它的理解，或者完成思想上的解放，而不至于陷入一种莫名其妙的情绪上的"迷信"。

这里，我很想跟大家分享一个我们家里的故事。有一天我回到家，发现爸妈居然在客房的淋浴间里洗澡，而不是在主卧的淋浴间。我感觉很奇怪，就问怎么回事。妈妈告诉我，因为客房离热水器近，水很快就热了，而主卧那边要等差不多两分钟，热水才来。她觉得水白白流掉太可惜了。

　　我一开始不理解,儿子买了一套大房子,老头和老太太却还是非要挤在一个小小的沐浴间洗澡,实在太寒酸了。

　　后来妈妈跟我讲了他们年轻时在攀枝花的事。那时候他们二十多个人得一桶一桶接力,把金沙江的水打上来运到住的地方。在他们眼里,每一滴水都是这二十多人的辛苦换来的。所以,那两分钟白白流掉的水让她感到特别心疼。

　　当听到这个故事的时候,我瞬间就能理解他们了。我讲这个故事,是想和大家说明一个道理,就是在了解一件事情背后的故事之后,你对它的本质会有更深刻的理解。

　　《周易的野心》这本书是《周易》的前传故事,这对于理解整个《周易》的卦象是非常重要的。这是我自己这么多年来学习《周易》最重要的一点体会——**从对《周易》的迷信,逐步转变为对它背后的德性的理解,再进一步理解率性**。

　　当然,我也必须如实相告,它**非客观、非主流、非严肃、非经典、非权威**。它就是一个普通的读书人,一个正好活在了从工业文明到信息文明、到人工智能文明的转型过程当中的普通人在个人视角下的产物。我把我对历史当中深刻的人性,以及在权力和野心的博弈背后,《周易》如何借助算法去穿透出管理的德性,怎样形塑了中国人的人格,乃至最后大量的人在使用《周易》时,明心见性、看见自己的过程,分享给大家。

　　当您完整读完《周易的野心》,也许您就会慢慢理解为什么我会苦心积虑地要讲完这个故事。在这个过程当中,让我们保持耐心。虽然会花些时间,但是我们会收获很多不一样的东西,并一起成长。

测一测

你了解《周易》诞生和演化的秘密吗？

扫码加入书架
领取阅读激励

扫码获取全部
测试题及答案，
一起领略《周易》的
影响力

- 《周易》到底是一本什么书？（单选题）
  - A.一个延续三千年的互联网跟帖
  - B.一个流传千年的生命故事体
  - C.被历代研究者用来冠名的"天 IP"
  - D.以上都是

- 以下哪项描述不符合姬昌与《周易》的关系？（单选题）
  - A.姬昌是《周易》的唯一作者
  - B.姬昌是《周易》的研究者和传播者
  - C.翦商大计是姬昌研究《周易》的重要动机
  - D.姬昌是被关押在牢狱时推演出《周易》的

- 心理学家荣格与《周易》在以下哪个方面产生了共鸣？（单选题）
  - A.强调因果关系的绝对性
  - B.认为世界是完全随机的
  - C.认为有意义的偶然存在
  - D.否认主观与客观的关联

扫描左侧二维码查看本书更多测试题

目　录

01

《周易》到底是一本什么书

·

《周易》就像一个生命体，
不断的裂变和重组
让它从一个拙朴的叔本
变得越来越丰富，
从一条小溪变成了汪洋大海

本书所有插图由著名漫画家蔡志忠老师"亲情"提供

《周易》到底是一本什么书？它真的只是用来卜卦的吗？

为什么说我们现在了解的商周故事，

和历史真实情况很可能不太一样？

在河南安阳殷墟的黄土之下，

又掩埋着哪些至今都没有被解开的殷商秘密呢？

被历史误会的《周易》

我常常在想：这个世界上为什么还需要梁品版的《周易》？

直到有一天，我读到了学者李硕撰写的殷商文明史，才发现很可能太多人对《周易》存有误会，这个误会甚至是一个历史的误会。

大概在20世纪初，中国人才开始研究甲骨文，以王国维先生和郭沫若先生为代表的学者们做了大量的开创性工作。

随着这些年来甲骨文研究的进展，特别是最近10～15年的考古发现和对这些考古遗迹的整理，似乎一个全新的殷商时期的"周文明"被我们慢慢打开了。

我们发现，孔子可能出于某种善意，对有关文明的记载做了部分修订。后人又根据自己能找到的文献资料，通过臆测重新注解了《周易》。于是我们今天看到的《周易》，包括其中记载的周朝生活方式，可能跟最初的《周易》版本已经不太一致了。

《周易》就像一个生命体，不断的裂变和重组让它从一个拙朴的版本变得越来越丰富，从一条小溪变成了汪洋大海。

在西方，卡尔·荣格先生引用了共时性原理（synchronicity）[1]和"有意义的偶然"（meaningful coincidence）来解读《周易》，为这部东方的古老文献延伸了很多研究视角。这也让今天的我们感受到《周易》充满了神奇力量，甚至让一些人对其产生了某种"迷信"的解读。

那么《周易》到底是什么呢？笔者虽力道轻浅，但也隐隐觉得，在结合现在的考古新发现，对甲骨文进行全新理解后，《周易》会呈现不一样的面貌。毕竟在自孔子之后的两千多年间，绝大部分中国文人是没有读懂过甲骨文的。如果对汉字的理解有偏差，《周易》卦辞、爻辞里的很多描述就极有可能被误解。

为此，我特意前往成都，拜访了历史学者李硕老师。李硕老师毕业于北京大学历史系，后来在新疆某所大学任教。

在学术研究当中，他的大部分时间不是用于写那些可以评职称的论文，而是用来做田间考察，做考古研究报告的分析、整理。他对于孔子的人格历史、殷商时期的历史有很深入的研究，并且都有很坚实的考古学证据作为支撑。

在成都的这大半年时间里，我经常和李老师进行深入的交流。我们越来越觉得，有可能发展出一套更加"正本清源"的《周易》解读方式，不过

---

1   共时性原理描述了一种特殊的心理现象，即在没有直接因果关系的情况下，两个或多个事件同时发生，并且它们之间存在着某种有意义的联系。这种原理挑战了传统的因果律。在对《周易》的解读中，荣格提出，《周易》的卦象和卦辞可以揭示出问卦人的内心状态与他们所询问问题的内在联系，这种联系并非通过直接的因果关系，而是通过一种有意义的、非因果性的同步性来体现的。共时性原理可以被视为一种"有意义的偶然"。——编者注

这种解读可能也还是对《周易》的另一种"误解"。

正是出于这样的机缘，才有了您眼前的这本书。也许这项工作看似没有太大意义，但我觉得如果从一个新的角度来解读《周易》，为后人提供一种新的思路，那么它的存在就是有价值的，何况这个过程还是有趣的。

与同样读《周易》的孔子相比，我们更幸运，不仅看懂了甲骨文，还挖出了比他早一千多年的地下文明。

重返《周易》诞生之初

要理解《周易》，我们必须重新回到它诞生的那个年代。

在大部分人的想象中，周文王好像开启了一条天地线，以某种神秘的方式，从高维宇宙"下载"了某些跨世界的信息和符号，进而发展了《易经》。

《易经》有《连山》《归藏》《周易》三部书，其中《连山》和《归藏》已经失传，现存于世的只有《周易》。但《周易》真的只是周朝的"易"吗？它确实是周文王注解的"易"吗？是否还有别的"易"？这个"周"到底意味着什么？

理解任何事情都需要回到本质上来。想要理解周朝，也许我们可以通过想象，通过文字记载，通过师徒之间的口传心授来还原历史。但是在这漫长的千年传承中，会不会产生各种流变？对于那些源远流长的事物，我们只有回到它们最开始的状态，才能看到流变的轨迹。

如果有机会打开一个墓穴，亲临更多的考古现场，看到殷商时期的那些遗迹与文明，或许我们就能回到真正的周朝。

　　所以，我向李硕先生深入地请教了很多问题，也请他把一些学术成果分享和授权给我，这就形成了我在本书中讲述的关于《周易》历史背景的故事。后续我也会结合最新的训诂学和考古学对于文字的研究发现，跟大家一起重读《周易》。

　　我们发现，也许有些字眼就不是我们一直理解的那个意思。举个例子，《周易》中"元亨利贞"的"贞"，大部分解读都认为这个字是"守贞节、守住正道"的意思。但是在甲骨文里，"贞"的本意就是征战、打仗，就是有利于出征。另有一些时候，"贞"等同于"占"，就是占卜的意思。

甲骨文"贞"字[1]

　　再比如在《周易》中出现多次的"孚"字，大部分的解读都把"孚"理解为"诚心正意、守正道，有福气"。但其实在甲骨文里面，"孚"通"俘虏"的"俘"。

甲骨文"孚"字

1　　本书采用的甲骨文字形见：李学勤. 字源：全3册［M］. 天津：天津古籍出版社，2013.

当这个字的意思变了，我们对卦辞的理解就完全不一样了。有了这一层认知，我们该如何看待相关卦辞背后所蕴含的信息呢？

让我从头开始讲这个故事。

一个流传千年的生命故事体

近几十年，特别是近一二十年来，考古界取得了重大发现。在河南省安阳市，黄土掩埋着商朝后期的都城——殷墟。

最近一个世纪以来，考古学者在这里发掘了数量惊人的被残杀的人类尸骸。其实在考古现场发现骨骼不是问题，这些骨骼形态异常，才是问题。这些骨骼中，有些身首异处，有些是跪姿……同时出土的还有很多祭祀用品，表明这并不是战争中对待俘虏的做法，我们大概就可以从中推测这到底意味着什么。

在殷墟一座宫殿附近，考古学者发掘出很多祭祀坑，其中两个坑内埋葬着十七具惨死幼童的骸骨，更令人震惊的是，在这些灰坑的每个柱基下，都压着一些尸骨。显然，曾有人这样认为：为了给建造的房子赋予某种能量，要在柱基下面埋一些人，而且埋的人不同，功能也不同，有些要放小孩，有些要放成年男子。

在殷墟王陵遗址口还有一个"人祭场"，面积大概比现在的标准操场大两倍以上。这里一次性出土了将近三千五百具人类骸骨，分别埋葬在九百多个祭祀坑里，而且绝大部分都是二十岁以下的男性青少年。

这些发现指向了一个悠远的、更长久的故事。这个故事和"周"这个部落的人有关。

根据现有的考古学研究成果以及文献资料，现在大部分人认为，殷商人最初生活在中原靠东部的地方，也就是今天的河南一带，属于华夏世界的东方。他们把居住在自己西边的部落称为"羌"。在甲骨文中，"羌"字的字形就是一个大角的羊头，代表了居住在山地，以放牧牛羊为生的人群。

甲骨文"羌"字

在殷商的鼎盛时期，他们已经拥有青铜铸器，也有可乘坐三人的马车。换句话说，殷商已经拥有了成建制的军队和非常清晰的文字系统。**当一群人拥有共同的文字时，他们能够通过类似于计算的方式来编排、组合、规划他们的粮草和军饷，数学就发展起来了。**

同时，殷商还发展出了在当时非常先进、了不起的祭祀文化。祭祀就代表着这一群人有了共同的信仰和故事。《人类简史》的作者尤瓦尔·赫拉利说，当一群人拥有了共同的故事线、共同的梦想、共同的愿景以及共同的恐惧时，他们就从"散装的部落动物"变成了真正意义上的人。人是讲故事的动物，或者说，是相信故事的动物。他在《人类简史》里举过一个例子：哪怕是最仇恨美国的那些恐怖分子，也不拒绝美元，他们也能够相信美元作为全球通用货币的这个"故事"。

《周易》就是这样一个流传千年的生命故事体。两千多年前，殷商已经拥有了在那个时期相当发达的文明。这样的文明对现在的我们，影响到底是什么？它如何重塑了中华民族的集体无意识？又完成了什么样的"转基因"改造？

　　要了解《周易》的"前世今生"，我们还要回到《周易》诞生的时间点，抽丝剥茧，看见历史的现场，或许那时，我们也会放下很多误解。

≡ 梁 注 ≡

- 要理解《周易》，我们必须重新回到它诞生的那个年代。
- 当一群人拥有共同的文字时，他们能够通过类似于计算的方式来编排、组合、规划他们的粮草和军饷，数学就发展起来了。
- 当一群人拥有了共同的故事线、共同的梦想、共同的愿景以及共同的恐惧时，他们就从"散装的部落动物"变成了真正意义上的人。人是讲故事的动物，或者说，是相信故事的动物。

02

周部落迁出山区，来到周原

我们了解周部落之暗，就是为了感知这个民族曾经走过的血腥历史，
同时借由分析《周易》各朝各代注解的演变，
来看这个时代或者这个国家，
怎样一步一步地从野蛮走向文明，怎样从对鬼神的崇拜，
走向跨越时空局限的算法时代。

周部落是从哪里发源的？他们又是如何进入中原的？
他们在血腥的商朝活人祭祀文化中扮演着什么样的角色？
为什么说"上帝"这个词其实并不是西方的发明，
而是在商王朝就已经出现了？

周部落迁居周原

商朝晚期，在殷商的西面有一个羌族部落，确切地说，羌族不是一个部落，而是西部一系列游牧民族的统称。其中有一个部落偶然进入周原（今陕西宝鸡市），成为殷商的一个"代理人"。不确定这个部落当时是否叫"周"，或许它是后来才被命名为"周"的。

当时，殷商王武乙派遣了几位使臣前往西部，找到了周部落的首领——亶（dǎn）父。"亶"字的本义为"仓粮充实"，是一种吉祥的象征，类似今天的"王富贵""李有财"这样的名字，它有一种重要、尊贵的寓意，后来逐渐引申为"诚信、有力量"。

使臣来到亶父的住处，劝说他带领部落离开当时居住的山区，迁往一个叫"周原"的地方定居，"原"说明那是一个比较开阔的地方。这段描述被隐藏在了《周易》的卦辞和爻辞里。

《周易》有一卦叫需卦，它的上六爻说："入于穴，有不速之客三人来，敬之，终吉。"翻译过来就是：这一天，有三位不速之客来到了首领亶父的窑洞，虽然亶父不知道这三个人的来意，但是仍然以礼相待，结果大吉。这里说的"结果"，就是指这三个人邀请亶父和他的周部落迁居到了周原。

《周易》还有一卦叫益卦，其六四爻也写道："中行，告公从，利用为依迁国。"这里的"依"是殷商的"殷"的通假字。整句翻译过来就是，中行告诉大夫："你跟我走，为了殷商王朝，你们这个小部落搬迁一下大有好处。"据说当时武乙王还在这里祭祀了天帝，结果也很吉利。

《周易》中还写道："或益之十朋[1]之龟，弗克违，永贞吉。王用享于帝，吉。"大意为：有人送你一只非常贵重的乌龟，价值十朋（十串钱，形容十分昂贵，能收买一个部落），你不应该拒绝这份礼物。只要你始终坚守正道，就会得到好运。如果你是王，用这只乌龟来祭祀天帝，也会得到吉祥的结果。

如果对历史背景缺乏了解，我们读到《周易》的这些内容，可能会觉得难以理解。其实这些爻辞都在讲述，当时殷商王朝要在西部发展一个代理人，他们选中了西部羌族的一个部落，这个部落就是周。

殷商王朝的统治武器

亶父是周部落的其中一个首领。他的后代子孙里就有周文王。

从现在的出土文物考据结果来看，周这个部落的历史并不长，哪怕上溯到周文王的祖父乃至曾祖父那一辈，距离当时也就不到一百年时间。

当时，除殷商以外，其他部落的文化都相对落后，周部落也一样，并没

---

1   朋：古代货币单位，双贝为一朋。——编者注

有后人想象的天外飞仙、通天灵感的感觉。这个我们可以从现代考古发现的器具作出推断。他们使用的器具大多十分粗糙，都是介于原始和先进之间的一些陶具，只有极少数的铜和青铜器皿，还有一些玉器。这表明，迁居到周原的周部落文明程度并不比他们的那些羌族邻居高出多少。

反观殷商王朝的王，能够完成对周边地区的统治，靠的是两样东西。

一方面，他们拥有了当时的超级科技文明，也就是青铜器制造技术。因为有了青铜器，他们拥有了先进的武器和交通工具，青铜器的刀比一般的石刀要锋利得多。

另一方面，他们在意识形态上拥有了一种超级武器。他们自诩为灯塔，是受到"上帝"庇护的人间统治者，并宣称只有他们拥有和"上帝"沟通的权利。他们告诉所有的人，他们是"上帝"的选民，或者说是"上帝"的亲生孩子。

"上帝"这个词可不是西方发明的，它最早出现在《尚书》："天佑下民，作之君，作之师，惟其克相上帝，宠绥四方。"其大意是：上天保佑百姓，为他们设立君主和师长，希望这些君主和师长能够辅助"上帝"，爱护和安定四方的人民。

《诗经》上也说："皇矣上帝，临下有赫。监观四方，求民之莫。"其大意是："上帝"伟大而辉煌，洞察人间慧目明亮，监察观照天地四方，及时发现民间疾苦灾殃。

也就是说，"上帝"这个词本来就是中国原创，后来有些传教士来到中国，学习中文后，借用这个词，把他们的"God"翻译成了"上帝"。

如果有一天你的朋友跟你说"上帝会保佑我们的"，你千万不要觉得受到打击，认为对方忘本，其实，"上帝"是地地道道的中国文化精髓。

说回殷商王朝的超级武器。殷商王朝的王认为，他们拥有和"上帝"的专属沟通权，是"上帝"在人间的唯一总代理。他们有权把人间收罗的各种东西和人，作为祭品祭祀给他们的"上帝"，而"上帝"以及殷商的祖先只会保佑这些给他们祭品的人。

一方面拥有高科技，另一方面拥有某种意识形态上超越普通人的震慑力，这两个超级武器让殷商的统治者成了当时的绝对统领。

周部落的秘密

发达的祭祀文化，使得殷商的统治者一直有一个非常重要的需求，就是获得祭品。他们认为，"人"是祭祀上帝或祖先最好的祭品，但自己王国的国民是不够的，更何况，如果是亲戚或者认识的人，也不好下手。所以殷商的统治者需要有人帮他们抓活人祭祀，那些被抓来的人就是"人牲"。

这件事情在周朝以后的历史记载中被刻意隐去了。对人牲的态度也是周文化和殷商文化之间的一个大分水岭。了解了这一点，再看孔夫子讲的"敬鬼神而远之"，我们多多少少能推测出，孔夫子隐隐地可能也知道一些事情。

在甲骨文里，"祭"这个字，就是用手拿着肉块奉献于祭台。而根据甲骨文的人祭记载，羌人是殷商时期人牲的主要来源。羌人占了被杀害者的一大半。

甲骨文"祭"字

商人用特定的动词"用"来描述杀人献祭行为，所以后世说"这个人很有用"，可能有"可以拿去牺牲"的意思。

周部落最初没有自己的文字，连"周"这个部落名也是商人所创造的。"用"字下面加个"口"，这两个字合在一起就叫"周"。《说文解字》中，对"周"这个字的解释就是"从用从口，密也"。也就是说，在殷商人看来，周这个部落就干一件事情：帮我们去抓人回来。

《说文解字》小篆"周"字

在殷商人的甲骨文版图里，关于"周"字还有个更可怕的写法，他们在"用"字的小方格中间各点了一个点——甲骨文中的这种点通常代表鲜血，也用来代表被杀的人。

甲骨文"周"字

杀人祭祀这件事，周人后来不愿提及。从文献记载来看，周文王到周公旦都没有说过，甚至孔夫子隐约知道之后也没有提及。周作为一个早期的羌族部落，成为殷商的"人祭代理人"这件事，已经被湮没在中国的历史当中。毕竟投靠他国，靠贩卖远房亲戚发达，怎么说都不是一件光荣的事。

我们了解周部落之暗，就是为了感知这个民族曾经走过的血腥历史，同时借由分析《周易》各朝各代注解的演变，来看这个时代或者这个国家怎样一步一步地从野蛮走向文明，怎样从对鬼神的崇拜走向跨越时空局限的算法时代。

那么，姬昌在这个过程当中到底扮演了什么角色？他的儿子周公旦又是如何进行演绎，帮助中国开启了真正的前算法文明时代？且听梁某人下回分解。

☰ 梁 注 ☰

- 一方面拥有高科技，另一方面拥有某种意识形态上超越普通人的震慑力，这两个超级武器让殷商的统治者成了当时的绝对统领。
- "上帝"这个词本来就是中国原创，后来有些传教士来到中国，学习中文后，借用这个词，把他们的"God"翻译成了"上帝"。
- 发达的祭祀文化，使得殷商的统治者一直有一个非常重要的需求，就是获得祭品。他们需要有人帮他们抓活人祭祀，那些被抓来的人就是"人牲"。

03

来自殷商的神秘算法

一个石破天惊的想法，
可能以一种隐秘的方式，
暗暗地在姬昌的大脑中演化了出来，
最终改变了中国的历史。

女性对所在家族的影响到底是什么？

在周部落兴起的过程中，两位夫人起到了哪些举足轻重的作用？

她们从遥远的东方带来了什么样的文化？

这些文化又和现代人工智能算法有哪些千丝万缕的联系？

姬昌其人其事

话说周部落首领亶父，从山区里走出来，到平坦的周原定居，主要任务是为殷商寻找人牲，用来祭祀其先祖。亶父有个儿子叫季历，后因种种原因被杀害，于是亶公的孙子——很年轻的周昌继位了。

周昌又叫姬昌。两种叫法的背后，其实隐含的是中国历史上关于姓、氏、名、字的差异。我们现在很多人说"姓甚名谁"，好像姓就是一个很简单的代称，比如梁某人，就姓梁。实际上在中国古代，尤其是春秋战国以前，姓、氏、名、字，是不同的四个概念。

姓，是一个大部落的统称；氏，是这个大部落中某个分支的系称；名，是一个小孩子在出生的时候，父亲给起的代号；字，是这个小孩长大后，所获得的一个新版本的代号。

比如我们都很熟悉的孔夫子，其实他不姓"孔"，而是姓"子"[1]，属于

1　见：李硕. 孔子大历史［M］. 上海：上海人民出版社，2019.

一个大的部落，"子"是这个部落的姓。"孔"这个氏是他的小部落代号。孔夫子，姓子，氏孔，名丘，字仲尼。

名是父亲给的，可以看作命运带给你的。所以中国古代有句话叫"名者命也，字者志也"。字，通常代表一个人的志向、未来的定位等，是对他从小到大表现出来的天赋、秉性的描述。

比如说张飞，字翼德，"飞"和"翼"都与翱翔天空有关；刘备，字玄德，"备"的德性是玄，意为吸收光线，玄德就是不断吸收的德性。因此一个人的名和字不一样，但又有着一定关联。在某种程度上，字是根据人的命、格局、志向，以及整个社会环境综合得出的。

所以周昌或姬昌到底是谁？就姬昌而言，其实姬是姓，周是氏。因此我们既可以称呼周文王为周昌，也可以叫他姬昌。在本书大部分章节我们统一称他为姬昌。

带来神秘算法的婚姻

据古书记载，姬昌和童年一起长大的伙伴，也就是当时的"大内总管"召公（这个召公的后代里，出现了一位超级神算大师，以后再详聊），分别迎娶了殷商王朝帝乙的两个妹妹，帝乙是商纣王的父亲。也就是说，帝乙将自己的两个妹妹分别嫁给了周部落的"王"和"公"。

不过历史学者李硕先生对此推断存疑。李硕认为，殷商王族姓"子"，他们严格禁止自己的族人外嫁，异族通婚在他们看来是乱了血统。所以当时嫁到周部落的可能并不是帝乙的亲妹妹，而是附属国莘（shēn）国的女子。这里可能是周文王"美化"历史之故。

莘国出美女，而且出了很多很厉害的人，比如殷商开国元勋、大概官至丞相的伊尹就是莘国人，他创办了"汤液经法体系"，后来还从烹饪中悟出了治国之道，也就是道统。

说回来这两个女子，姐姐嫁给了姬昌，也就是后来的周文王，妹妹嫁给了当时他们国家的"大内总管"召公。

有趣的地方来了。《周易》泰卦六五爻说"帝乙归妹，以祉元吉"，这里的"归"指的是出嫁，"祉"是指有福气。这句爻辞的意思是：帝乙把自己的妹妹嫁过来，由此得到了很大的好处和福报，大吉。[1]

这是非常重要的一件事。当时中国东方的文明更加发达，姬昌娶了来自东方的女子，他的父亲季历也娶了来自东方的女子。通过婚姻，他们与文明世界进行了一次有意义的"基因转型"。

《周易》归妹卦六五爻说："帝乙归妹。其君之袂不如其娣之袂良。月几望，吉。"这句爻辞的意思是：一起嫁过来的两个女子，姐姐的衣饰没那么好看，嫁了姬昌，而嫁给了召公的妹妹所穿的衣服更好看。

这件事情由姬昌自己记录在《周易》的卦辞里，有两种可能。一是当时出嫁前，帝乙考虑了一下，发现这个年轻的部落首领姬昌没有实权。而召公掌握着部落实权，所以就把漂亮一点的、穿得好一点的妹妹嫁给了召公，长得难看、穿得难看一点的嫁给了姬昌。还有一种可能，就是姬昌从男性角度考虑，主观地这样认为。

无论如何，这两位女子都有一种独特的能力——占卜术，她们带来了来自东方的重要文明。

在殷商王朝及其上层社会文化里，掌握了占卜术，就相当于掌握了一套

1　见：何新. 易经入门：何新讲周易［M］.上海：华东师范学出版社，2000.

算法体系。无论是用蓍（shī）草，还是用牛骨或龟壳，这些占卜方法都带有神秘的色彩。

"占"与"卜"虽然经常一起说，但其实"占"和"卜"是两回事。"占"是通过蓍草的分发，最终形成一组数字，这些数字所对应的卦象即为"占"。"卜"则是烧裂牛骨或龟壳，根据牛骨和龟壳的裂纹去做预测。

这两种占卜方法在殷商上层社会非常流行，被看作一套关于神灵和人间通话的语言体系。当时也很流行玩这种"通灵"的社交游戏。通常人们会在事前占卜一下，之后再看是否准确。这些内容就像今天的"朋友圈"一样被记了下来，刻在甲骨上。这些甲骨后来被用作中药材，有的在清朝末期被发现后，才有了今天的甲骨文研究。想想当年的贵族"社交媒体"写的是这些，就觉得很有趣。

这让我想起了历史学家尤瓦尔·赫拉利在《人类简史》和《未来简史》里提到的一个话题。他说随着人工智能的发展，那些拥有超越常人智慧的人工智能就慢慢拥有了像神一样的力量。如果谁掌握了它们的算法，谁就拥有了很重要的话语权。现在你可能已经隐约意识到，那些掌握算法的人似乎拥有一种与普通人不一样的视角和能力。所有人都很关心我们使用的社交软件的算法，它的算法决定了人们看到的世界。

而在自己的婚姻中，姬昌也开始了一个很重要的过程，他开始接触那些来自殷商的神秘算法。

一个伟大而疯狂的想法

对周部落来说，这不仅仅是一次简单的家族联姻，更是一种文化和基因的交流与融合。在古代，中国的东方被认为是文明的发源地，这里的人们被认为拥有高度的文明和智慧。

姬昌的父亲季历娶的是一位从东方的文明部落来的女子，后世称她为"太任"。

太任在怀姬昌时就非常注重胎教，《礼记·保傅》中有记载，她在怀胎期间，"目不视恶色，耳不听淫声，口不出傲言"。翻译过来就是：眼睛不看不好的东西，耳朵不听淫秽的声音，嘴巴不说恶毒的话。因为她认为母亲的所见所闻都会影响胎儿，因此通过自己的言行来营造一个良好的胎教环境。

姬昌娶的妻子被称为"太姒（sì）"，太姒与姬昌共育有十子，其中包括后来的周武王姬发和周公旦。太姒严格的家庭教育，使得她的儿子们从小便未做过邪僻之事，长大后继续受到周文王的教导，完善了各自的德性，并发挥了才能。

姬昌的母亲太任和妻子太姒成了周部落非常值得炫耀的谈资。在《诗经》和各种历史文献里，周氏家族都花了很大的力气去表彰这两位女子。

这两位东方来的女子不仅仅带来了算法，更重要的是带来了一种信心，母亲给孩子的信心。

姬昌的母亲告诉孩子："你跟那些山区里的孩子不一样了，你们要学习文字、算术、天文历法。"这种文化自信，令周部落的人在看待其他羌族部落的人时有了一种隐隐的俯视感。

这种俯视感帮助一个年轻人开始形成某种自我心理暗示：他是不一样的人，他肩负着某种超越普通人的使命，甚至超越普通氏族的使命。如果他不是一个普通人，那他就是个族长。如果他不是一个普通族长，那么他就应该是一个更伟大、更有用的角色。

　　姬昌是什么时候开始涌现出这个伟大而疯狂的想法的呢？或许是因为他父亲季历的去世，抑或是因为后来他儿子的遭遇，也可能是他在推演占卜术的过程中，透过卦象之间的转变对比，产生了对时空和逻辑的新理解。

　　不管是什么原因，一个石破天惊的想法可能以一种隐秘的方式，暗暗地在姬昌的大脑中演化出来，最终改变了中国的历史。

☰ 梁 注 ☰

- 在殷商王朝及其上层社会文化里，掌握了占卜术，就相当于掌握了一套算法体系。这些占卜方法都有着神秘的色彩，被看作一套关于神灵和人间通话的语言体系。

- 古代那些掌握算法的人似乎拥有一种与普通人不一样的视角和能力，就像现在，社交软件的算法决定了人们看到的世界。

- 在古代，中国的东方被认为是文明的发源地，这里的人们被认为拥有高度的文明和智慧。

04

藏在卦象里的惊天秘密

从某种角度来说，
《周易》就像一个生命一样一直在成长。
世世代代喜欢它的人、注释它的人、
爱它的人、丰富它的人，不断将自己的生命灌注进去，
于是它成为一个能量越来越大的生命体。

姬昌在推演卦象的时候发现了什么惊天的秘密？

这和中国历史上的朝代更替有什么关联？

为什么姬昌解释的卦象和孔夫子解释的不一样？

为什么说不是古人创造了《周易》，而是《周易》"创造"了中国人？

姬昌开始学习八卦

年轻的姬昌开始学习八卦占卜法。

关于那个时候是否已经存在六十四卦，历史学家的看法是有分歧的。大部分观点认为，是姬昌把八卦发展成了六十四卦。有一些历史学家持不同意见。

根据出土文物和文献记载，在某些古石板上，中国古人已经用每六个为一组的数字代表八卦。换句话说，有可能在姬昌学习《周易》之前，六十四卦的体系已经存在。关于这一点，我们现在几乎无法考据了。

但是不管如何，八卦（乾、坤、震、巽、离、坎、艮、兑）肯定是有的。很多人说，这是把一年分成八等份的算法。虽然现在看来奇怪，但这有可能是最早的历法逻辑：先把一年分成上半年和下半年，再分成四季，四季再分成八段。

所以梁某人猜测，《周易》很可能是那个时候的历法，或者是对一年周期循环的记录。

一件事情只要反复出现，就会形成周期；只要有周期，就有规律；只要

有规律，就可以预测。姬昌在演练这些八卦图形的过程中，逐渐看出了一点端倪，那就是世界轮流转，山不转水转，天地自有轮回。

如果人真正开始相信天地自有轮回，任何事情都会有起承转合。也许姬昌就突然迸发出这样一个想法：既然它是有轮回的，那么上帝可以允许殷商拥有王权，拥有这么大一片土地的统治权，拥有与上帝直接对话的祭祀权，会不会有一天这个权利也轮到我们家呢？

这件事情实在是太过石破天惊。要知道在长达几百年的殷商王朝统治期，大部分人想都没有想过，或者不敢这样想。他们认为自己一出生就是被统治的，很多人难逃被残害、当成祭品的命运。用人肉、人骨、人皮来祭祀，是远古野蛮部落常常发生的事情。

试想这个场景，当年姬昌把各种卦象摆在地上，宏观俯瞰这些卦象时，可能生发出了一个想法：为什么我不可以推动世界发生某种变化呢？据说姬昌的父亲季历就是被殷商王朝所杀，所以杀父之仇是不是应该报呢？有着对卦象的了解和揣测，有着杀父的仇恨，可能当年的姬昌已隐约生发出"天子谁都能做，我也能做"这种"大逆不道"的想法。

这种想法可能是逐渐形成的，也许他和一些占卜师或特别亲近的人讨论时走漏了风声，也许因为周部落在崛起，姬昌的名声越来越大。你可以想象，如果有一个朋友算卦很厉害，那么他会不会引发某种朋友圈的追捧效应？再加上后来，姬昌的儿子伯邑考又被殷商王剁成了肉酱。这些要素叠加在一起，会不会给姬昌带来一个特别重要的念头？这个念头就是造反。

这几乎是符合常识的，也符合历史深处的人性。

很多人说，周文王和孔子对卦象的理解有着不同的视角。周文王的视角是天子视角，关注的是如何成为帝王的策略；而孔子的视角是君子视角，关注的是如何成为一个道德高尚的人。就像创业者和管理者必是心智模式不同的人一样。这是梁某人很重要的一个史观，后文中也会和大家分享。

推卦：早期的大数据思维

我有一个做数据分析的朋友曾经隐居过一段时间。因为他学过《周易》，所以就尝试自己推演卦象，看每一爻之间的变化，以及它们之间力量的此消彼长等。就这样，他逐渐发展出了一种能力，能够把经历过的事情，乃至正在经历的一些不确定事件，都代入卦辞里去做推演，进而发现了很多人生的秘密。

这个推演的过程，就跟我们现在说的大数据算法一样，把几个事件放在一起，跑一下程序，看是不是有相关性。现在学界公认的大数据思维就是跳脱因果，先看相关性，从相关性出发去归纳它背后更深层次的原因。

举个最简单的例子，为什么啤酒和纸尿裤的销售量几乎总是同步增长呢？大家一开始觉得没道理，后来发现是因为妈妈在生完小孩之后，爸爸出来买纸尿裤，会顺便买点啤酒，所以它们的相关性很强。

既然我这个朋友能够把自己经历过的事情和各种卦象进行关联，然后从中获得很多不曾察觉的启示，理解那些看似是巧合，其实是"有意义的偶然"事件，那么为什么当年在狱中的姬昌不可以呢？

也许在那个时代，姬昌花了很多的时间，不断地回忆他所经历过的生活片段，又把这些生活片段与卦辞，与长长短短、或断开、或连接的卦象进行关联，试图发现当中隐含的秘密。

今天我们看到姬昌曾经记录下来的内容，是否在某个侧面印证了历史的真相呢？姬昌又如何影响了他的孩子呢？他的孩子，尤其是周公旦，又如何在这个过程当中把他的思想发扬光大呢？

我们以为是古人创造了《周易》这些文字，但《周易》是不是又反过来"创造"了中国人的意识呢？这种"创造"经历了什么样的文化、"基因突变"呢？

随着抽丝剥茧的解读，你或许能看到，《周易》本身，或者信念加故事本身，成了一个生命。就像有些朋友所作的类比，文物在某种程度上就是一个"吃人"的东西，一辈又一辈的收藏文物的人，根本不是在收藏它，而是拿自己的生命去滋养它，小心翼翼地保护它。放在历史的长河中，大部分人的寿命都短于他所收藏的文物，文物根本就不是人的奴隶，人才是文物的奴隶。

从某种角度来说，《周易》就像一个生命一样一直在成长。世世代代喜欢它的人、注解它的人、爱它的人、丰富它的人，在不断地用自己的生命灌注它，于是它成为一个能量越来越大的生命体。

这是梁某人的一个猜测，随着我们对《周易》的讲解和分析，或许你能感受到它的确在朝这个方向演化，直到今天，走向未来。

☶ 梁 注 ☶

- 八卦很有可能是最早的历法逻辑。
- 一件事情只要反复出现，就会形成周期；只要有周期，就有规律；只要有规律，就可以预测。
- 那些看似是巧合的事件，其实是"有意义的偶然"事件。

05

历史深处，全是人性

那些隐藏在《周易》的卦辞、爻辞、象辞里，
晦涩的、遥远的文三，
让我们能够借由对甲骨文的剖析，
重新看到一个时代。

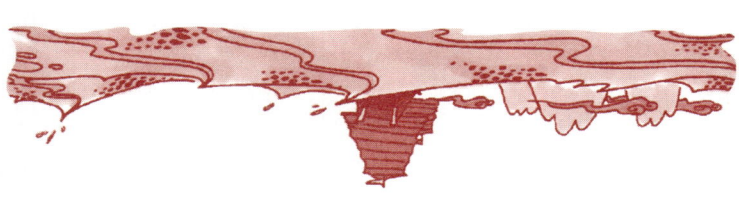

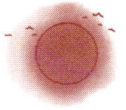

姬昌创作《周易》的原始动机是什么？

《周易》中频繁出现的"孚"隐含了什么秘密？

是谁刻意隐瞒了殷商血腥的人祭历史？

反复出现的"孚"字

《周易》的卦辞、爻辞、象辞里，有很多字反复出现。我们此前提到的"孚"字在《周易》里出现了三十多次。如果你翻开后世的各种注解，大部分都说"孚，信也"。

"孚"字的原始含义与"孵"有关，"卵"加"孚"就是孵。如果有一个鸡蛋，只要焐着它，正常情况下，经过若干时间，它就会孵出小鸡。后来"孚"逐渐从动词转化成了形容词，形容"某事物会如期而来"，所以是指很讲信用。

于是大部分人对"孚"这个字的注解都是诚信、守信用，说这个事情是"有孚"，那就是有信用，很好。《周易集解》里也说"孚，信也"。但是真的是这样吗？

我认为，**"孚"这个字，是解开整个《周易》"密码"的核心钥匙。**如果把它当作俘虏的"俘"，那么整个《周易》就充满了血腥的杀戮、捕猎、祭祀；如果把它当作"诚信"，或者是"有福同享、有难同当"的"福"，它则代表了一种道德品质，以及人与人之间的相互承诺。这种理解使得《周易》的解读更加注重道德和精神层面，走向另一个方向。

李硕先生认为高亨先生关于"孚"字的解释非常重要，重要到足以颠覆我们对《周易》的理解。

高亨也是我比较欣赏的一位《周易》研究专家。通过对甲骨文的字形和字义进行分析，他认为"孚"字的原始含义可能与俘虏有关。这个字看起来像是一只手下面有一个小孩的形象（如第6页所示）。

在古代，俘虏通常被用于祭祀活动。其中一种流行的祭祀方式称为"卯祭"。你看"卯"字的形状，像不像两扇东西？在蛮荒时代，"卯"这个字的本意就是把人剖开之后，内脏全部取出来做成干肉、呈现出两片的样子。今天我们可以通过腊肉兔这种食物看到这种传统。

所以我们在读历史的时候，常常会问一个问题：这样一个文明的中国，是怎样从那个野蛮的时代走过来的？

《周易》的多个卦象，如大壮卦、解卦、损卦、益卦、革卦、丰卦、需卦等，都出现了"孚"字。如果将其理解为"诚信"，许多段落难以解释清楚。

例如，晋卦的初爻说："罔孚，裕，无咎。"如果把"孚"理解为诚信，就难以解释其含义。然而，如果我们考虑到周部落可能起初是殷商王朝的"人祭代理人"，主要任务是捕获俘虏，那么"罔孚"可能意味着：用网捕获俘虏，大有收获，没有灾祸。

再来看需卦中的"需"字，其描述为"有孚，光亨，贞吉，利涉大川"。传统解释通常认为这是在说有诚信则一切顺利。但如果将"孚"理解为"俘虏"，那么这句卦象的意思就变成了：捕获俘虏是荣耀的，举行祭祀占算的结果吉利，有利于渡过大河。这种解释将"孚"字从道德描述转变为行为描述，为我们还原了一种新的视角，去理解古代人的真实生活。

姬昌最初占卜的动机

姬昌研究《易经》的目的，在我看来，**主要是研究事物之间的相关和因果关系，并借此建立一套预测和推理的逻辑，甚至要制定推翻殷商王朝的大战略和方法。**

让我们回到姬昌面临的真实难题上。作为殷商王朝的"人祭代理人"，那时候周部落去抓俘虏，一次抓到多少人算是合格呢？你可以猜猜看。

有学者在研究周原发现的甲骨碎片时提到了一件事。据说，姬昌曾经为捕捉五十个人而焦虑到做噩梦的程度，还要占卜。也就是说，当时的人并没有我们想象的那么多。你想，人不是羚羊，人更像是一个部落里的狼，一个族群大概也就是二三十人，苍茫的草原上，能捕获到四五十个人是很难的。

有一天，我在家陪父亲看《王朝》这个纪录片，其中讲到猩猩、狮子、企鹅都有自己的部落。在动物界，它们也有权力斗争，也有爱恨情仇，还有家族的撕裂，你能看到利益冲突之下动物兽性大发的样子。

而人在早期的某个阶段跟动物也没有什么区别。看明白了这些之后，我们对历史可能会有不一样的解读。

因为要完成如此艰巨的捕获俘虏的任务，周部落不断地从遥远的东方学习占卜等技术以获取支持。而年轻的姬昌就借由这些故事，发展出他内心对这个世界的一套完整看法。他把他的日常生活，比如什么时候结婚，什么时候嫁女儿，什么时候打猎，什么时候又应该建立某种策略，都以引语的方式记录到了《周易》的卦辞里。

对于那段历史，很多事情已经无法考据了，反而是那些隐藏在《周易》的卦辞、爻辞、象辞里的，那些晦涩的、遥远的文字，让我们能够借由对甲骨文的剖析，重新看到那个时代的一面。

在我看来，姬昌的时代本质上是一个艰苦创业，向先进文化学习，先做"代理人"，并逐渐准备逆袭、崛起的时代。

《周易》的故事，对每一位研读《易经》的人都有启发。我当然不鼓励你去做任何僭越之事，只是想说，**如果你开始像姬昌那样，把自己乃至身边所有人的命运，当作你愿意去主动控制、规划的事情，你的人生可能会发生很大的变化。**

某种程度上，你就是你的国王，你就是你自己的部落首领。

但是大部分人都不会站在主人翁的视角看待自己的人生。

在古代，只有部落首领才会去思考自己该怎么做事，自己应该如何带领别人做事。而绝大部分的人其实都是活在被要求、被算计、被胁迫、被安排的人生命运格局当中。

孔夫子在某些时刻隐约感受到了这些历史深处的残酷真相，但他并没有直接揭露，而是用具有道德感的语言重新注解了《周易》。这一传统并非始于孔夫子，而是来自他所尊敬的周公旦，即周文王的小儿子、周武王的弟弟。

周公旦为何将残酷的真相转化为充满道德感、伦理感、礼教和教化意味的内容？这可能与姬昌的噩梦、他们所见过的残酷杀戮的景象有关，也可能与周公旦的个性有关。他选择以这种方式来描述历史，背后可能蕴含着深远的意义。

当我们在解读《周易》的时候，这些事情会慢慢浮现出来，让梁某人觉得这段学习是有价值的。

如果你真正开始用一种平视的视角去解读历史，或许你能够从内心深处发展出一种历史观：历史，既需要真实，也需要情怀。

☰ 梁 注 ☰

- "孚"这个字，是解开整个《周易》"密码"的核心钥匙。

- 在动物界，它们也有权力斗争，也有爱恨情仇，还有家族的撕裂，你能看到利益冲突之下动物兽性大发的样子。而人在早期的某个阶段跟动物也没有什么区别。

- 姬昌研究《易经》的目的，主要是研究事物之间的相关和因果关系，并借此建立一套预测和推理的逻辑，发展出他内心对这个世界的一套完整看法。

06

一场祭祀引发的历史变革

人类可以通过表情传递情绪，
而这种非语言的交流，
能够跨越种族。

甲骨文中记载了哪些关于活人祭祀的细节？

这些细节又如何隐现于《周易》的卦辞当中？

姬昌亲眼看到人祭之后受到了什么样的心理冲击？

这种心理变化是否微妙地推动了中国文明化的进程？

文明来临前的荒蛮时代

通过前面几章的内容，我们了解了当时周与殷商的角色关系和背景，尤其是周部落曾在很长一段时间内充当殷商王朝的"人祭代理人"角色。这时再读《周易》的很多卦辞、爻辞，就发现它们的背后蕴藏着很多历史的真相。只有理解它们的背景，我们才能够更清晰地读懂这些文字。

本章的内容可能会让你有点不舒服，甚至毛骨悚然。当我们作为一个文明人，掀开那一段血腥历史的时候，你会有很强烈的庆幸之感。不过，一个诚实的人如果能够更多地了解历史是如何从蛮荒走向文明的，这中间的节点是什么，或许就能对国家的文明化过程有更加清晰的了解与认知。

当一个王朝或王室献祭的人口数量远远超过民间宗教活动献祭的人数，我们可以说，这标志着人祭成为殷商王朝的国家宗教形态。

有一位叫胡厚宣的学者，根据甲骨卜辞统计过殷商诸王的献祭人数，发现涉及人祭的甲骨一千三百五十片，卜辞三千余条，要知道，这个数据还不包括大量做成药的甲骨。据他统计，人祭的人数至少超过一万四千人[1]。

还记得上一章讲到，当时姬昌抓五十个人，都是件很难完成的大事，要写到《周易》的卦辞里面，可见当时的人口远远比我们想象的要少，而抓捕人牲的工作量是何其繁重。

从这个历史背景出发，我们可以重新审视《周易》。《周易》中多次提到了捉捕、押送人牲和俘虏的方法。

例如，在暌卦的九四爻中提到了"交孚"。甲骨文的"交"字，形状有点像把人的两条腿绑在一起的样子。可能那个时候抓到一个俘虏之后，既需要他自己行走，又怕他跑掉，那怎么办呢？就把他的大腿绑住，让他可以夹着腿用小腿走路。这种把上面绑住，下面可以走路的样子就很像甲骨文的"交"字。

甲骨文"交"字

这种走路的样子，让我想起古代女性服装中隐含的逻辑：女性始终处于被束缚的状态。而现代人可以穿着瑜伽服，曲线毕现地骄傲地过马路，这是文明的一大进步。

再比如，小畜卦第四爻里也说，"**有孚，血去惕出，无咎**"。意思是有俘虏受伤以后，要为他们止血并消除他们的恐惧，这样就不会有麻烦。

[1]   见：胡厚宣.中国奴隶社会的人殉和人祭（上篇）[J].文物，1974（7）.

　　大有卦中提到"**有孚威如，终吉**"，这是一个很吉利的卦象，讲的是有俘虏被反绑了双手，但是仍然气宇轩昂，其中的"威如"即为关键表达。为什么俘虏被绑了之后气势威猛，很有生命力，这在当时被认为是很吉利的呢？显然，这个吉并不是指俘虏吉利。从姬昌的视角来看，这就像"今天逮着了一只生猛海鲜"，他认为把俘虏交给殷商是吉利的，因为可以得到更多的赏赐。

　　在姤（gòu）卦的一爻里则提到"**孚蹢躅**（zhí zhú）"，就是俘虏走得跌跌跄跄、一瘸一拐的，可能是俘虏在被抓捕的过程中受了伤，也可能是不听从命令被殴打所致，所以三爻里说："**臀无肤，其行次且。厉，无大咎。**"就是说屁股被打烂了，走路很难看，有点磨难，不过没有太大的灾祸。

　　中孚卦里也说："**有孚挛如，无咎。**"就是捕获了俘虏，把他们一个一个地绑在一起，方便押运。

　　我们学历史就知道，当年陈胜、吴广之所以要起义，就是因为他们一队人被押解着要去服兵役，路途中由于气候不利，路况不好，所以这一批人不能及时到达，按照当时严苛的军法，他们要全部被斩首，所以陈胜、吴广才说，反正都是死，不如起义吧。

　　于是他们喊叫说"我的手被绑住了，我要解手"。在行进的过程中，想要把自己解脱出来，只有一个理由，就说"我要上厕所"。所以"解手"这个词就变成了上厕所的代名词。

　　在当时，这些人牲就这样一串一串地被周这个代理家族捕获回来，然后被送去遥远的、文明的东方，供殷商祭祀之用。

　　本来押送人牲这种事情对于当时周部落的首领姬昌来说是任务，每个像牲口一样用于祭祀的人对于他来说就是一串钱。把人牲安全地、比较健康地送到目的地，他就能领到更多的赏钱。在这个逻辑之下，"吉"这类词其实就是形容他获得了战利品，而且得到了补偿和报酬。

其实这一类的文字和卦辞还有很多，在翻看这些资料时，我的内心五味杂陈。那些后来用《周易》卜卦的人，如果了解了这段历史，起码应该想想"吉"出现的时候，谁是那个不惜"代价"的人，谁是那个"代价"本身？

改变历史的一声惨叫

有一个细节，它可能是历史的转折点。有一次，姬昌把俘虏押送到殷都，目睹了殷商人的杀俘虏献祭仪式，这个时候，或许他才突然站在了另一个角度来看待这个问题。

夬（guài）卦中有一句话是"扬于王庭，孚号有厉"，就是说在朝廷中，众人高声叫喊来表达王有多么了不起，多么功勋卓著。过去很多人都认为这是臣下拜见大王的一种习惯，类似高呼"万岁万岁万万岁"。

但是，后面的"孚号有厉"是什么意思呢？根据《礼记》的记载，在殷商祭祀的过程中，有一个很重要的环节，就是要让那些被抓住的俘虏在被砍之前大声叫喊。《礼记》中说"殷人尚声"，意思是殷商的人很崇尚大嗓门。献祭的动物要大声嚎叫，就是在向天神禀告"来了，强壮，合格"，即"声音之号，所以诰告于天地之间也"。

《礼记》中提到，当时杀猪和杀牛献祭的时候，也要让猪和牛叫得很大声。这种仪式，相当于给钱的时候，把硬币"啪"的一声扔进财神爷的箱子里。在一些道观里，也有人会拿铜板砸铃铛。这样做其实是为了告诉自己想侍奉的神仙："我送钱来了。"

再比如，观卦中说"盥而不荐，有孚颙（yóng）若"。"盥"的意思是盥洗台，我们经常说"盥手"，本义是倒水来洗手，象征性地洗洗擦擦，这是祭祀仪式开始的阶段。而"荐"就是杀人献祭。在《逸周书·世俘解》里提到"荐俘殷王鼎"，就是说周王灭商之后，用俘获来的商人，祭祀周族的列祖列宗，而且用的是商王的大鼎，所以这个"荐"指的是杀人献祭的意思。

"盥而不荐，有孚颙若"就是说，逮着了俘虏，本来是该杀的，但是没有杀。手都已经洗干净了，却没有动手。这个时候，俘虏的脸上露出了渴望活命的表情。这个描述很细腻，如果占到这一卦，说明你可能正面临很大的危险，也许上苍，或者外部环境，或者命运要惩罚你，但是还没动手，这个时候你的表情是什么样的呢？

从某种程度上来说，占卜的过程其实是一种意识的连接：把一个上古时期的场景调出来，跟一个随机数字结合，得出了某个意象，这个场景就像一个比喻，我们要由此出发去思考：它对我现在有什么启示？

如果你把周文王原本的故事文本都理解错了，那么对你当下的判断会不会产生某种奇怪的误导？我在阅读《周易》和某些对原文的解读时，心里常常在想：我是应该回到原文，去做某些卦辞的解读，还是尊重《周易》的历史流变，思考它变成了另外的版本之后，带给人们的启发呢？这真是一个学习《周易》的人必须面临的话题。我也没有完全正确的答案，也许随着我们逐步深入学习，会渐渐地看到方向。

让我们回看姬昌的这次经历。以往，他将俘虏视为财富和战功的象征，但当他看见这些他亲手参与抓获的俘虏被以某种方式拿来祭祀，他是不是会有一种隐隐的心理变化呢？

在《周易》和其他许多文献中提到，殷商祭祀的时候不是把人烫熟了之后再去砍，而是直接在现场生砍。俘虏叫得越大声，场面越血腥越好，一方面他们用这种方式来向上苍和他们的祖先表示敬意，另一方面会有一种原始的快感。今天你我听到这样的事情，都会觉得太过残忍，人的恻隐之心会被激发出来。

孔夫子说的"仁者爱人"，讲的就是看见一个人的遭遇之后，你的同情心被激发了出来。同情心是一切善良的基础。孟子也提到"君子远庖厨"，这是儒家一个很重要的观点，这不是在探讨要不要吃肉，吃肉是不是假正义、假道义，而是说你在一再杀戮其他生命的时候，你内心的那些与生俱来的同情没有了，这是非常危险的一件事情。因为没有了这种对生命的同情，杀戮之心一旦膨胀，文明也就不存在了。

所以那一次姬昌去到商朝的首都殷墟[1]，听到了俘虏的惨叫声。那一声惨叫也许突然激发了他的同情，人性的善闪现了，他表现出了同情而非兴奋。在此之前，《周易》的很多卦象里，他描述的都是抓到这些精壮的俘虏多吉祥，最好用网捕捉俘虏，皮肤完整能卖高价钱等。这样的描述带着某种代理人完成业绩目标时的兴奋，但是当他真正看见了自己抓回来的俘虏在"孚号有厉"的时候，他的感受一定是不一样的。

当我看到周文王在记录那些奴隶或者是俘虏被砍得大叫，在文字当中隐隐透出某种同情的时候，我合上了这一页书。

人类同情心的根源是什么

我在想，一个现代文明人应该如何对待生命。很多人可以吃猪肉、牛肉，但是如果让他去杀一头猪，他是受不了的。如果他目睹了一头牛被宰杀

---

1   商朝晚期都城为殷墟（今安阳），商末可能存在朝歌（今鹤壁）作为辅助性政治中心。——编者注

的过程，看到牛在流眼泪，他也是受不了的。但是让他拍死一只蚊子，他觉得没问题，拍死苍蝇也没问题。而如果要杀掉一只老鼠，我觉得很多人不一定能做得到。

这涉及一个很有趣的问题，为什么你会觉得杀一只大一点的动物，比如老鼠，你就受不了，但是打死苍蝇、蚊子、蟑螂就不会有太大的心理障碍？

我想可能的原因是当你看得见一个动物的脸，知道它的表情时，对它下手就比较难了。而蚂蚁、蚊子、臭虫、蟑螂被拍死的时候，你还来不及看它的表情，于是你会觉得它和你没有关系。

人可以借由表情去传递情绪。人和人的交流有时候不是用语言的，非语言的交流是可以跨越种族的。比如你看见一头猪、一头牛被杀的时候，你会生出恻隐之心，是因为动物也有表情，而人类的大脑很容易借由这种表情产生同情。

有一个很著名的心理学实验：一列火车正开过来，如果按正常方向走左边，有九个人站在铁轨上。但如果你把这条轨道扳到右边，轨道上只有一个人，此时你会怎么办？

对于很多人来说，这可能还不算最难的。如果这种事情转换成另外一个场景：一列火车正在开过来的路上，有九个人在轨道上玩，你身边有一个人，只要你把他推下去，就能阻挡这列火车，你推还是不推？同样是死一个人，救九个人，但把旁边的人推下去，就更难做到。这背后其实指向了**人们同情心的根源，来自表情或者其他更具视觉化的行为所带来的那种超越理性或者道理算计的情绪，而这种情绪控制着我们的大脑。**

所以姬昌那次在王庭上看见他所捕获的俘虏生不如死，大声号叫的时候，他瞬间感受到了心灵冲击。这种冲击结合后面讲到的其他猜想，居然影响了后世的文明。中华文明从殷商时期的人祭，慢慢转变为崇尚礼仪，发扬道教，推崇道德的文化，这中间是由很多很微妙的细节和故事推动的。

我愿意相信，当时姬昌看到的号叫的俘虏在刹那间影响并改变了他的内心。故事将会怎么演绎，我们的文明最终演化成什么样子，其实值得我们一步步地推演过去，文明演化的复杂性和多样性，就隐藏在其中。

历史的深处，还是人性。

☷ 梁 注 ☶

- 一个诚实的人如果能够更多地了解历史是如何从蛮荒走向文明的，这中间的节点是什么，或许就能对自己所在传统的文明化过程有更加清晰的了解与认知。

- 占卜的过程其实是一种意识的连接：把一个上古时期的场景调出来，跟一个随机数字结合，得出了某个意象，这个场景就像一个比喻，我们要由此出发去思考：它对我现在有什么启示？

- 人们同情心的根源，来自表情或者其他更具视觉化的行为所带来的那种超越理性或者道理算计的情绪，而这种情绪控制着我们的大脑。

07

逐渐生长的野心

那个在幽暗的深处，
已经开始梦想着推翻殷商王朝的孤独的姬昌，
很可能已经将这些梦想以隐秘的方式隐藏到了
《周易》的卦辞、象辞和爻辞之中。

考古学家在古周原地区发掘出的那个被大火焚烧的院落里，

隐藏了什么不为人知的秘密？

为什么姬昌要把消灭殷商这个伟大而疯狂的想法，

写到《周易》的卦辞、象辞和爻辞里？

为什么学《周易》必须深入了解姬昌当时的心境？

藏在地窖里的秘密

在现代考古发现里，有一件事情很重要。对于《周易》的研究者来说，这也是他们必须知道的一件事情。

1976年，中国的考古学者在陕西周原遗址西部，发现了一处被大火焚烧之后遭人遗弃的院落。利用这些被烧过的砖头，考古学者使用碳十四测年技术还原了一座占地面积大概一千四百平方米的两进院落。

在院落遗址中，考古学者还发现了一些很小的甲骨文片，包括甲片、龟片。结合对遗址年代的测定，考古学者推测，这座院落可能是姬昌在20岁到40岁之间住过的家宅。

这个院子是一个标准的四合院，部分结构基本能够还原出来。考古学家推测，那个时候姬昌和他的妻妾住在这个院子里，加上仆人和小孩，应该住得很拥挤。

在这个院子里，出土了很多龟甲片，尤其是在西厢房南起的第二间，发现了一个神秘的、隐藏的地窖。考古学者在地窖里发现了很多龟甲片，每片都很小，只有一个指甲盖儿大小，甚至更小。这些龟甲片上刻有文字，最多能刻一二十个字，你可以想象那个字有多小。

这个地窖深约1.6米，直径约1米。在这个神秘的、小小的空间里，有一个工作台，工作台上可以放下类似"台灯"的照明工具，很多小小的龟甲片散落在这个地窖里，当中有很多神奇的祭祀内容。

比如龟甲片上的文字讲到，地处偏远的小部落的首领姬昌，居然祭祀殷商的创始君主商汤，还祭祀了帝乙。要知道，这些本应是商纣王祭祀的人。

根据我们对当年的史料和知识的了解，除殷商皇家以外，没有人有资格直接向殷商的祖先祭祀。周有周自己的祖先，为什么你一个周部落的首领要去祭祀殷商的祖先呢？

这就像某个亚洲的小国一直担任"灯塔国"的代理人，为其生产东西。这个小国有自己的文明，有自己的祖先。但是有一天发现，这个小国的领导者居然向"灯塔国"的祖先和上帝做祷告，而且希望能够建立一种通灵的连接。

在商业领域，代理人绕过批发商直接跟生产商打交道，这是任何商业体系都很忌讳的事情。试想，如果你是一个公司的首席执行官，你突然发现，一个代理人跟你们公司的董事会有沟通和交流，或者企图直接与你们的董事长沟通交流，你会是什么心情？

而姬昌就像那个"代理人"，居然在自己家里，用人、牛向殷商的祖先祭祀。这些内容都以非常奇怪且隐晦的文字被记录了下来。比如有一片龟甲片，上面写的是"癸子日祭祀文武帝乙中"，也就是祭祀纣王父亲帝乙的宗庙。

在中国，完整院落或个人家宅的考古发现十分罕见。如果不是姬昌后来灭了殷商，举家搬到了其他地方，那座房子又被烧掉的话，它几乎不大可能在历史的长河中被保留下来。

1976年从院落西厢房的南边起第二间房间的地窖里出土的，那些小小的、特别不起眼的龟甲，还有上面这种想要绕过"总经销商"，直接和他们的"上帝"和祖先打交道的甲骨文传递的内容，都会让你隐隐约约地感到，当时的姬昌可能已经萌生了一点点念头：我是不是也可以成为一个王者呢？

中国历史上有很多这种故事，比如陈胜、吴广说："王侯将相宁有种乎？"再比如当年项羽看见秦始皇的銮驾经过时说："彼可取而代之。"

那时候的姬昌可能在使用《易经》占卜的过程中，在种种通灵的尝试中，也隐隐生出这一想法。不过那时这种行为实在是太过大胆，甚至是僭越，所以他做得非常低调。在后世的正史文献中也没有记载这一段历史。如果不是周灭商成功了，以及被历史的黄土掩埋的这些文物被现代人发掘出来，再加上这一百年来中国的考古学者对甲骨文的重新翻译，可能我们很难有机会了解当时的姬昌是什么样的心情。

而且更有意思的是，考古还发现了一些磨石，也就是磨过的石头。大概在比姬昌生活的时代再早一百年的石头上，已经有一些六个一组的数字。现代人认为那就是"阴阳"，而且是六爻。换句话来说，有可能在姬昌学习"易"的时候，或者用"易"的方法去占卜的时候，已经有六十四个卦象了。

姬昌用隐喻记下的思想

回到那个时代，我们可以想象，已经产生僭越谋反心理的姬昌心里有多么恐惧，所以他把那些占卜的内容刻得很小很小，而且是在他的地窖里完成这些工作。可能只有他一个人在做这件事情,他要非常努力地保密。在那个时代,一旦消息走漏,整个族群将被"团灭"。

沉迷于占卜的人都很相信鬼神,信仰各种超自然的能力和现象。据商人的传说,玄鸟是一种黑色的鸟(可能是燕子或者乌鸦),被视为他们的祖先。所以,如果玄鸟发现了姬昌的秘密,也许会报告给殷商君主。

在《周易》里,姬昌已经注意到"飞鸟以凶"和"飞鸟遗之音"的问题,如果我们不了解当时他已经有谋反的想法,就很难理解小过卦初六爻中的"飞鸟以凶"是什么意思。显然,他是担心玄鸟发现了他的秘密,回去向殷商的统治者报告这一切。

根据史料记载,姬昌在去世前,把都城迁到了丰京(今陕西西安市西南沣河以西)。不久其子姬发继位后,定都镐京(今陕西西安市西南沣河东岸)。于是,周原的那座大宅变成了他们的家庙,也就是周文王姬昌的"纪念馆"。到西周末年的时候,整座建筑毁于一场大火。坍塌的土墙、屋顶、残块都呈现出火烧之后的砖红色。这些甲骨被保存在地窖里面,侥幸躲过了这场火灾。

今天看来,那个在幽暗的深处,已经开始梦想着推翻殷商王朝的孤独的姬昌,很可能已经将这些梦想以隐秘的方式隐藏到了《周易》的卦辞、象辞和爻辞之中。

说到此处,我想跟大家分享一个真实的故事,希望能够帮大家了解历史深处的一些有趣的事件。

话说有一天徐文兵老师到我这里玩,看见我家的柱子上有个小牌子,上面有我写的三个字"谁在叙"。他说:"哎!你还蛮有禅意的啊!"我嘿嘿一笑,给他讲了一个背后的真实事件。

以前我觉得我的房子挺凉快的,根本就没想过装空调。结果有一年特别热，于是，我装了一台柜式空调。因为是临时装的，所以空调排水管不知道该接到哪里去。我弄了一个装纯净水的桶，用来接空调冷凝出来的水。你知道开一下午空调会滴出多少水吗？大概不用四个小时，就能装满一桶水。

有一天我跟一个朋友聊天，聊得很愉快，突然转头一看，水已经全部装满了，冷凝出来的水漫出了水桶，浸湿了一整片地毯。我很是心疼，赶紧换了块地毯，把水拿去倒掉。那时候我第一次意识到，原来一台柜式空调四个小时滴出来的水可以装足足一大桶。

为了提醒自己，水随时随地正在续着，很可能会把地毯弄脏，所以我想写"水在续"三个字来提醒自己，但是又觉得不高级，于是改成"谁在叙"，这个时候只有我知道，"who is talking"其实是说"water is续着呢"。

这个事情说明，**一个人要想记录点儿什么，但是又怕别人知道，或者想显得高级，就总是会用某种方式把它隐喻化。**

这个发生在我身上的故事，让我在看《周易》的时候想到，姬昌一定把某些想法用了一些很奇怪的隐喻，或者转注成另外的通假字来写。总之，只有他自己知道。

因此，《周易》可能是姬昌根据这些卦辞、这些长长短短的横条，结合真实发生的事情，所做的相互的比较研究。但有些内容又不方便直接写出来，所以他就用了一些隐喻或通假字，我想这是一个大概率事件。

比如，乾卦里有一个词叫"利见大人"，王允许你在这个地方有一定的行政主导权，其成本是你需要缴纳一定的赋税，可能是钱，可能是猪肉，也可能是人头。总之，要向王缴纳点儿东西，才能成为"代理人"。

那么"利见侯"的目的是什么？为什么说成为"代理人"又是件很吉利的事情呢？只做个"代理人"有什么吉利可言呢？也许你可以这样理解：只有成为"代理人"以后，才可能有一天取代他成为王，所以才会"贞吉"，才会吉利。

其实我们学习《周易》时，有点像一个探案者，你要透过那些很短的文字，结合姬昌当时的生活场景，根据人性的常识以及当时的一些禁忌，慢慢地窥探他的心理。

这些心理包括：如果他把要推翻殷商王朝的秘密，跟他的儿子或者最亲近的同僚、伙伴去沟通的时候，走漏了风声怎么办？如果他有了这个想法，需要联络周边羌族小部落的朋友，他又会怎么做？

所以在这个背景之下，我们就能理解为什么说"西南得朋，东北丧朋"。那个时候，周的西南边都是些小部落，它的东北边就是殷商。所以从这句话我们也许可以隐约得知，他已经开始准备和殷商决裂，不再是朋友了。虽然表面上他还是殷商的"代理人"，但同时他要发展、团结他的西南面的那些朋友。

通过本章的内容，我想跟大家分享的一个小小的心得，我们可以借由那个时候姬昌的生命状态，去了解他正在酝酿着的巨大的行动。而这一切最后又如何影响他的儿子姬发呢？姬昌的另外一个小儿子，也就是被大家称为周公旦的这位先生，他又经历了什么呢？这些可能只是基于历史和经典的猜测，但我总相信，历史和经典的深处都是常识，全是人性。

䷀　梁　注　䷀

- 一个人要想记录点儿什么，但是又怕别人知道，或者想显得高级，就总是会用某种方式把它隐喻化。

- 其实我们学习《周易》时，有点像一个探案者，你要透过那些很短的文字，结合姬昌当时的生活场景，根据人性的常识以及当时的一些禁忌，慢慢地窥探他的心理。

- 历史和经典的深处都是常识，都是人性。

08

姬昌的牢狱生活

拨开文艺青年的想象，
看见历史和残酷的丛林法则的真相。

姬昌被捕的原因到底是什么？

在狱中的他如何想尽办法不让自己被当作祭品？

这些详细的情景又如何被隐秘地记录在了《周易》中？

为什么这些残酷的经历还能让姬昌保持爱与温暖？

而如今的我们又能从中得到哪些启发？

姬昌被捕入狱

我们通过史料得知，姬昌曾经有一段时间被关押到了囚笼里。他为什么会被关押？我想，有几种可能性。

第一，他当时已经有一定的势力了，商纣王担心他有谋反之意，但是又没有确凿的证据，所以先把他关起来再说。在那时的政治环境下，如果已经有确证，那就直接灭族了。

第二，"这个人还有点儿本事"，因为他已经开始在研究《易经》，算得还蛮准，所以就把他关起来，看一下到底是不是真的有那么厉害。如果真的厉害，哪怕他没有谋反之心，也要提防一下，免得这个人影响力太大，不受控制。当一个人的影响力大到一定程度的时候，本身就是危险的。

这让我想起了一部拍得很美的电影，讲约是日本茶道的集大成者千利休的故事。千利休的影响力很大，据说在幕府时期，很多人想尽办法亲近他、了解他，并且被他影响，他甚至有一点类似印度的甘地的地位了。后来当时的权臣丰臣秀吉，直接赐死了千利休。

所以有可能，当年周部落的势力已经很大，加上姬昌的影响也很广泛，让商纣王以及周边的人很忌惮，最终商纣王把他关了起来。

但是不管怎么解释，总之，姬昌有一段被关押在殷商都城的经历。这段经历肯定会引发姬昌的一系列思考，例如他可能每天都在想怎样能够保命，怎么体现自己的价值。

有一部电影叫作《肖申克的救赎》，主角安迪·杜佛兰（Andy Dufresne）在狱中通过帮狱警做账，获得了生存的空间，并最终通过秘密挖掘的隧道从狱中逃了出来。姬昌肯定也有过类似的行为，比如帮狱卒，甚至当时朝中的大臣算个卦，提供心理慰藉，让大家觉得这个人还是有点用的，但是又不能锋芒毕露，这样会很危险。这是他在那时候的第一层心理体验或者状态。

或许还存在另一种可能，被关起来之后，怎么办？反正都被关了，他肯定是把他的经历或者见闻记下来，而且不可能用很多的字，只能用几个最关键的字眼，再把观察到的事情和自己用蓍草或者是用木棍推演出来的卦象结合，进行分析。

如果你也有这样一段与世隔绝的时间，身边手机、电视、书籍都没有，你会做什么？姬昌做的事情合乎常理——用《易经》来"复盘"生活。而他用的文字，一定是足够隐晦的，以免被定罪。这种"隐喻体"太模糊，以至于可以被后世人做任意解释。天书之所以是天书，那一定是因为足够模糊。

最典型的一个卦是坎卦。坎卦，是上坎和下坎——两个坎卦叠在一起，叫"习坎"。"习"的意思就是重叠，"凉风习习"就是指凉风一阵又一阵地袭来。

坎卦的卦辞是这么说的，"习坎有孚，维心，亨行有尚"。从孔夫子到邵雍, 再到朱熹等人, 都认为 "孚" 可以理解为诚心正意。所以卦辞的意思就是: "你要用诚心正意去维系你的心, 这样就能亨通, 行为也就有了方向。" 但是把这句话和后面每一爻的内容对比起来, 你会发现这种解释行不通, 因为卦辞和爻辞没有相应的关联性。

李硕老师借由对甲骨文和考古现场真实地窖的分析, 认为场景可能不是这样的。[1]

我们之前也已经讲过, "孚" 这个字更可能解释为 "俘虏"。如果是这样的话, 可能整个故事可以这样描述: 这一天, 姬昌被扔到了地窖里, 旁边有其他人被拉出去祭祀了。他目睹了俘虏的心被挖出来的场景。这个 "亨" 在甲骨文里通享乐的 "享", 就是心被挖出来之后, 给上苍享用。

这件事提醒姬昌: 做事说话行为得有点规矩, 别太冲动。

有了这个背景, 再看后面的故事就能发现, 从初六爻到上六爻都是场景化的描述, 完全没有道德上的描述。

因为原文比较晦涩, 我先大概讲讲这个故事。在爻辞中, 姬昌说, 在狱中的情景是 "入于坎窞 (dàn), 凶"。"坎窞" 是什么? 你可以想象那时的监狱是什么样的, 是像我们现在建的平房那样, 旁边有窗户, 还有拿着刀枪剑戟的士兵把守? 还是像电视剧里的那样, 有一条一条的木栅栏, 里面铺着茅草, 囚犯坐在里面还挺宽敞? 不可能的。

只要看一下那些殷商遗址, 你就会发现, 那时的监狱很可能就是一个个地窖。这些地窖是从地面往下挖掘而成, 宽1.5米到2米, 姑且可以让犯人蜷缩着, 深5米到8米, 很陡峭, 人是爬不上来的, 因此不可能越狱成功。地窖上面铺有盖子, 旁边有矮矮的窗户, 送食物的时候, 就拿根绳子绑着, 吊下

1　见: 李硕. 翦商: 殷周之变与华夏新生 [M]. 桂林: 广西师范大学出版社, 2022. ——编者注

来给犯人吃。

有了这个场景，你才知道什么叫作"险"。

坎卦里第二爻叫"**坎有险，求小得**"。什么叫"险"？这个"险"的意思就是陡峭。比如说，你站在某个山崖边，眼前的山石几乎呈九十度角，就像被刀砍过一样，那才叫"险"。

卦辞里没有任何的道德说教，仅仅是描述了监狱地窖的墙壁很陡峭，还描述了监狱里出现的情景，比如偶尔会有人将食物用绳子拴住，垂吊下来给犯人吃，还可能有人前来探望犯人。

卦辞里还描述了什么呢？上六爻写道："**系用徽纆（mò），置于丛棘，三岁不得凶**。"就是说，不仅仅把犯人放到一个很深的地窖里，还可能把犯人的手脚都用手镣和脚镣绑住，或者用链子锁住脖子。即使犯人爬出来，外面还有很多植物型的荆棘阻挡，更何况犯人赤脚，根本无法逃脱。

我身边有很多朋友在学《周易》，很多注解会说，在《周易》里有很多对"德性"的描述，比如说把"孚"字解释为诚心正意，然后告诉你只要保持诚意，就有希望。但是在姬昌的描述里没有这些，只有血淋淋的、残酷的、事实性的描述。

这不禁让我想问一个问题：是什么促使注解者把这些残酷的描述重新转注成为带有某种希望的注解？告诉人们只要你保持着这种生命状态或者某种心智模式，就有希望，就有可能亨通？这种转变的背后是什么？是误解还是一种善意的谎言？

如果碰到一个朋友，他患有严重的疾病，你应该告诉他真相，还是告诉他"还有希望，永远不要放弃，只要你心里有温暖的爱和诚恳的姿态，一切都有转机"呢？这的确是一个我们长大以后才会悄悄问自己的问题。

嗜血文化是文明的起源

如果我们从真相的角度回推，会发现《周易》的很多卦象都充满了某种凶险和血腥。但是后来的注解者，包括周公旦、孔夫子，似乎都有意无意地把某些卦辞注解成"诚恳、爱心、仁德、坚持"等词语。也许这是一种像父母之爱一样的善意吧。

例如你看见孩子正在犯某些错误，或者自己家里曾经发生过某些不好的事情，你是愿意告诉孩子残酷的真相，还是愿意以某种催眠的方式帮助他转换成积极的心理力量呢？这是我们在读真实的历史和被无数次道德化注解后的《周易》时，会自然而然涌现出来的一种思考。

从某种程度上来说，我觉得中国文化的美好就在于，它完成了一次文化的"转基因"。它把道德教化、希望注入到了残酷当中。但是也让很多不了解这个事实背景的人，活在一种文艺青年般的虚幻中，以至于不能够在面对残酷的事实真相时拥有理性的力量。

其实在《周易》的噬嗑卦、剥卦里也有类似的情景。噬嗑卦的卦辞是"**噬嗑：亨，利用狱**"。"噬嗑"是什么意思？就是吃东西。原意是把食物放在嘴里咀嚼，尚未下咽或者是难以下咽。这一卦讲吃腊肉，吃干的肉。

但六五爻中说："**噬干肉，得黄金，贞厉，无咎。**"这里所说的"黄金"肯定不是真的黄金，应该是铜。传统的解释认为，吃干肉的时候，你会得到一些黄金，你要保持你的底线，守住你的本分，那么哪怕情况不太好，也不会有太糟糕的情况。

但是在李硕老师的解释里，他认为这一句话说的是，姬昌正在狱中吃那些吊放下来的食物，吃着吃着突然发现有块铜。什么肉里会突然有块铜？只有一种可能，这是人肉。这个俘虏可能当时被打伤了，身体里有一些箭头，或者他当时佩戴着某些金属的器物，这些金属嵌在肉里，被一起做成了肉干。以至于姬昌在嚼这块肉的时候，突然发现嘴被铜割到了，于是从口中掏出来一小块铜。他很难受，很疼，但是不算太坏，没把自己噎死。

读我讲的这一版《周易》，你是不是觉得有点血腥，有点不符合你预期中的那个《周易》？

我想讲的是，这就是我们曾经走过的路。我在学中医、学中国传统文化时，慢慢发现，真正的中国传统文化不只有"经"那一面，还有"史"那一面。

曾经有一位老师说，以前的大户人家在给孩子上课的时候，讲究"刚日读经，柔日读史"。

所谓"经"，包括《大学》《中庸》《论语》等儒家经典，告诉你的是诚恳、正直，及对世界充满坚持不懈的温暖。这都是对的，也是教育应该传递的。但是如果你光学那些，不读历史的话，你会变成一个迂腐的人，乃至一个善良但是可能在丛林里被吃掉的人。这是我不会让好朋友的孩子去上一些国学班的原因。市面上的大部分国学班只讲经不讲史，很容易培养出一些善良的"笨蛋"。

现在有很多人学完国学之后去看世界，就有一种道德至高主义的看法。好像一件事情不符合爱就不行，不符合正义就不行，不符合温暖、不符合人道主义、不符合同情心就不行。这些都非常重要，但是你会发现，当你读历史的时候不是这样。

如果你诚实一点，你真的去研究身边那些人，你会发现有许多事情你无法解释：为何一个好人常常处在困顿、被动、痛苦当中，哪怕他们心怀善念？所以，过去真正的国学教育中，学生还要有一半的时间去读历史，因为你翻开历史会发现，那里不仅仅有经典的内容，还有残酷和血淋淋的斗争。

我曾跟儿子说："你一定要记住，在爱与实力、爱与真相之间保持平衡，这才是真正的生存法则。"如果内心仅仅有真相而没有爱，活着本身就没意思，很苦、很残忍、很血腥、很无情。但是仅仅有爱而无真相，你会活得很虚妄。后者在安全的时候尚能自保，但在斗争当中，往往是最先被吃掉的。

这让我想起了一部电影，这部电影叫《少年派的奇幻漂流》。电影里讲的是一个男孩与家人从印度坐船，带着他们家里的很多动物去加拿大，结果在海上遇上了风暴。后来其他人都死了，只剩下这个叫"派"的少年和一只老虎，他们在船上经历了很多事情。

到加拿大后，老虎隐于丛林，而派跟所有人讲他的故事，他在船上怎么和老虎共存，又怎样去抓鱼，在岛上又碰见了什么等。

如果你光是这样看，也许会觉得这是一个励志的，甚至是看见自我内心世界的故事。

但有另外一个版本说，真实的故事并不像电影里描述的那么浪漫。很可能是当时碰上海难之后，船上人和人之间发生了剧烈的争执。开始的时候大家还有食物吃，后来没有食物了，就互相残食。在这个故事版本中，这个少年派可能把他的对手——那个残酷的厨师也给吃了，最后他是一个人漂泊上岸的。

少年派和老虎的故事其实是他内在的两个我之间的对立，那个善良的我和求生存的、凶暴的我之间的对立。我觉得这个解释更符合那个故事的原型，但是电影里没有这样讲。你只有看了好几遍，再看很多解读之后，才会真正理解这个故事在讲什么。

学习《周易》，对我来说是一次艰难困苦，乃至解剖自己，甚至刺破自己过去的过程。这个过程里最大的一个收获就是，拨开文艺青年的想象，看见历史和残酷的丛林法则的真相。这对于我们的生存、对于我们树立一种宏观的意识是有帮助的。当你明白生活的无奈和残酷的时候，你是否仍然愿意，哪怕是用想象来给生活包裹一层爱与温暖？

☷ 梁 注 ☷

- 天书之所以是天书，那一定是因为足够模糊。

- 从某种程度上来说，中国文化的美好就在于，它完成了一次文化的"转基因"。它把道德教化、希望注入到了残酷当中。

- 你一定要记住，在爱与实力、爱与真相之间保持平衡，这才是真正的生存法则。

09

痛食子羹的悲愤与挣扎

心中的梦想一旦出现，
就会燃出熊熊大火。

被关押的姬昌为什么没有被杀掉？

在建国大业落实以后，

为什么周武王要把一个姓苏的人册封为刑部尚书？

姬昌食下由长子伯邑考做成的肉酱后发生了哪些变化？

这对于理解《周易》又有什么样的影响？

姬昌身陷囹圄，大难不死

姬昌被关押到殷商的都城之后，我们自然而然就会问一个问题：为什么他没有被杀掉？

按道理说，他都被关起来了，天天担惊受怕，怎么还能幸存？在我的想象当中，有几种可能性。第一，殷商只是怀疑他有谋反之心，但是还没有确凿的证据。但从理论上来说，如果纣王怀疑他，已经把他关起来了，杀不杀他有什么重要呢？杀错了又如何？所以一定还有别的原因。

其中一个原因是可能有人为他说好话，另一个原因就是可能留着他还有点用。那么他到底有什么用？为什么会有人帮他说好话？又是谁在帮他说好话？

这些都是历史推理的线索，于是我们顺着这样的思路慢慢去寻找，居然找到了一点端倪，其中有一些揣测的部分，我们一起来看看到底有没有这个可能。

据说姬昌被关押之后，他的儿子们就带着各种美女、礼物去打点关系。这些孩子里，有个比较有名的或者说比较有出息的儿子，他是长子姬邑，后世称之为伯邑考。

"伯"是指姬邑在家里排行比较靠前，"伯、仲、叔、季"是一种排名的说法。"考"是对已故父亲的尊称。不过历史上说，伯邑考是没有孩子的，那么只有一种可能性，就是他本来是家里的老大，地位很高，后来由于某种原因意外死了，所以后辈就把他认作大伯或者是家族这一代的家长。

伯邑考是怎么死的、为什么会死，我们后面会讲，他的去世决定了非常重要的历史走向。

伯邑考带着弟弟，即后来的周武王姬发，还有周公旦等人一起去到了殷商的都城，上下打点。关于他们怎样打点关系这件事情，没有很详细的记载。

有一个历史事件能给我们带来一点点启发。我们都知道有一个人叫苏妲己，她在历史上被描绘成一个妖女，因为她天天缠着商纣王索求无度，而且据说长得很漂亮，所以，商纣王被她迷得昏了头，最后断送了江山。

但是你知道吗？这个苏妲己来自苏国。

在《史记》里说，纣王曾经讨伐过苏国，苏国国君被迫将公主妲己进献给商纣王。另外有一个人叫苏忿生，据说是苏妲己的兄弟。

李硕老师研读各种文献发现，伯邑考和他的兄弟们到了殷都之后，先和苏忿生家族建立了联系，然后才能够见到商纣王，继而营救被囚禁的姬昌。

后来有个很有意思的事情，就是武王姬发灭了殷商之后，任命苏忿生担任司寇。司寇当时主管司法、刑法、刑侦、皇家机密等，这是很重要的位置，俗称"刀把子"。

你想想看，一个不是周家族的人，在周家族夺取了政权以后，被封为司寇，这只能说明一件事情：在夺取政权期间，他曾经扮演了极其重要的角色。

苏忿生的妹妹苏妲己天天陪伴在商纣王旁边，你可以想象，首先周家和苏家应该是一体的。那么他们已经形成了某种联盟，甚至在推翻商纣王之前，已经有深度的联络了。那么他们就可以一起谋划该怎么做，一起寻找政治盟友，一起去挑拨离间。

根据常理推断，姬昌被关在狱中，周人拿着礼物来到了殷商，上上下下认识了许多人，并且和苏忿生成了好朋友。苏忿生的妹妹苏妲己又在商纣王身边为妃。你觉得有谁有能力、有动机去帮助姬昌免去一死？

据说还有其他一些殷商的权臣也希望保留姬昌的性命，那一定是收了好处。就像后来的越王勾践在吴国一样，也是有人代为求情。有些人收了钱之后就说："这个姬昌也没有什么呀，你看，他都晕晕乎乎的了，可能以后会变痴呆。再加上他好像还会占卜，还是有点用的。"

据说当时的姬昌在用六十四卦占卜方面已经出神入化。你可以想象一下，在那个年代，关键的知识掌握在极少数的人手里，只有那些人，拥有了那种可以看见权力能量流转的能力。

一个人活到一定年龄之后，又通晓人情世故，又了解占卜的很多术语。而且关键是，六十四卦占算的方法，不涉及直接和殷商王朝的祖先通灵这类的说法。它只是一套算法。占卜者相当于一个工程师，工程师有些时候有某种中立性。

所以基于以上猜测，肯定有人帮助姬昌说了好话，再加上姬昌的占卜能力又没有太大的威胁，纣王也没有确凿的证据证明他要造反。在若干个因素的共同作用之下，他得以在地牢中思考宇宙问题，演绎出了后来的《周易》

系统。

在《周易》里有一卦叫观卦，可能记录了姬昌诸子刚刚到殷都的时候，四处打探门路的情景。

"观"本身就是探查、审查之意，其卦辞有"**童观，小人无咎，君子吝**"。翻译过来就是：孩子们隔着门缝观察，没有引发什么麻烦，君子虽受了委屈，但占卜是顺利的。这个"君子"可能指的就是姬昌自己。然后殷商的人隔着门缝观察的时候发现，占卜个人的生命、观察国家的荣耀，都还算是安全的事情。

伯邑考去殷都后，由于长得英俊又能干，而且会骑马，在殷朝都城混着混着，居然混到了帮商纣王驾马车的位置。

你不要认为骑马是件很普通的事情，在那个时候，骑马不是骑在马背上，而是驾马车。通常只有极其信任而且能力很强的人，你才会让他帮你驾马车。因为在当时，拥有马车就跟现在拥有一架私人飞机一样，是非常有意义的事情，你会让谁帮你开私人飞机？而且驾马车很危险，需要很高的技术，同时，驾车的人就坐在车里的人身边，所以一定是他极其信任的人。

所以你可以想象，商纣王曾经一度非常相信伯邑考。《帝王世纪》中说："**纣既囚文王，文王之长子曰伯邑考，质于殷，为纣御。**"后来出土的一些文物里也有类似的记载。

总之，在苏家的帮助之下，姬昌在监狱当中，靠占卜结识了各种上层人物，还帮大家做心理咨询、做命运推演。一直以来搞风水、搞命理的人就是可以上通天下通地的人。能够结交权贵，也服务贩夫走卒。看过《肖申克的救赎》的朋友，一定不觉得这个故事陌生。

而根据《史记》记载，姬昌父子当时在殷商的都城还有了婚事。姬昌在都城纳了一位小妾，据说后来他被放出来之后，又娶了一位年轻女子做妾。

而他的儿子伯邑考，居然娶了一个年长一点的女子。

大过卦九二爻讲的是老夫娶少女，可能指的就是姬昌纳妾，原文为"枯杨生稊（tí），老夫得其女妻。无不利"。意思是枯萎的杨树重新长出了嫩芽，年老的男子娶了年轻的妻子，这样的结合没有什么不吉利的。

但是在大过卦九五爻中，情况则相反，少男被老妇所娶，成了上门女婿："枯杨生华，老妇得其士夫，无咎无誉。"就是说年轻人娶了一个年长一点的女子，这件事应该没有什么坏处，但也不是什么很值得光荣的事情，这是姬昌某个儿子的婚事。有人认为这可能就是伯邑考为了扩大同盟，和某些大家族建立了某种婚姻关系。当然，这不是原配，而是二房或三房等。

有个很重要的事情，就是后来伯邑考被商纣王杀了，历史的方向也随之改变了。这个故事的背后，其实引发了我的思考，那就是许多我们认为伟大的事情，都和某些人的个人命运相关。到底是怎么相关呢？接下来我们聊聊伯邑考是怎么死的，他的死又如何真正影响了姬昌，而姬昌又如何把这些写到了《周易》里。

痛食子羹，姬昌的悲愤与挣扎

在与李硕先生讨论到人祭历史的时候，他常常会流露出一种难以名状的表情，有恐惧，有无奈，有追思，有慨叹，有痛苦，也有一种对于中华文明终于走出了野蛮的庆幸感。

姬昌被关到殷商的地牢里，每天在做着《周易》的推演时，他的大儿子，最英俊的、最能干的，也是相当聪明的伯邑考，在给商纣王驾马车。

在殷商时期，有一种很特别的祭祀理念，就是别的氏族部落的首领，尤其是年轻的未来继承人，是最有价值、最适合用于祭祀的对象。在犹太的《旧约》里也讲，在上古时代，上帝最喜欢接受长子作为祭礼。从现在的考古资料中也发现，那些被用来人祭的很少有老人或者女人，大多是小孩、青壮年男子。

所以理论上来说，如果有一天，商纣王突然想来个"一石二鸟"，既要很好地找一个人牲来祭祀自己的祖先，又要断了周家族以后要挑战自己的想法，起码可以测试一下姬昌的忠诚度，他会怎么办？

《史记》里没有说伯邑考是怎么死的，但是西晋皇甫谧在《帝王世纪》里说："囚文王，文王之长子曰伯邑考，质于殷，为纣御，纣烹为羹，赐文王，曰：'圣人当不食其子羹。'文王食之。纣曰：'谁谓西伯圣者？食其子羹尚不知也。'"

大概意思就是，姬昌在被囚禁期间，他的长子伯邑考在商朝担任质子，也就是人质，并且获得了某种程度的信任，为商纣王赶马车。纣王想要考验姬昌到底是不是圣人，如果他是圣人，他就不会吃自己的儿子吧。于是把伯邑考做成了肉酱，拿给姬昌，结果姬昌吃了。纣王说："谁说西方来的姬昌是圣人，他吃了自己的儿子。"

也就是说，商纣王居然把姬昌最得意、最喜欢的长子做成了肉酱，并且让人送给他吃。据说当时除了给姬昌吃了，伯邑考的弟弟周武王姬发，还有周公旦等人也吃了。昨天几个兄弟还好好的，今天看见哥哥，大哥就变成了碗里的一堆肉酱。传说当时还不是全熟的，应该是半熟的。

我真的不想写这一段，但是这一段对于我们了解《周易》非常重要。因为当时姬昌是知道的，有很多的历史文献都说明他知道。

屈原在《天问》当中就说："受赐兹醢（hǎi），西伯上告。何亲就上帝罚，殷之命以不救？"意思是姬昌吃下了自己儿子的肉之后，向上苍控诉。

说："您看哪，商纣王多残暴，他生生把我儿子剁了，拿来奉献给您。他不应该获得支持，奉给您的是我的儿子，您得支持我。"

在传世的版本当中，商纣王所制造的伯邑考事件很难有合理的解释，这可能也是《史记》不愿意采纳它的原因。

但是根据现在的考古学、甲骨文研究，殷商的祭祀事件表明，在那个体系当中，伯邑考被烹杀和吃掉是极其正常的。

在《周易》的损卦六三爻中，似乎记录了姬昌讲述自己的儿子伯邑考被献祭的经历："三人行，则折损一人，一人行，则得其友。"重点是第一句，三人同行损失了一个，可能说的就是当时伯邑考和他的两个弟弟前往殷商的都城营救父亲，最终损失了一个。

《周易》当中还有大量的卦辞，也可能是姬昌在回忆和追思他的长子伯邑考，比如艮卦的卦辞是："行其庭，不见其人。无咎。"这是说姬昌被释放之后，回到了他老家那个庭院时，看不见那个人。那个人是谁？只能是自己的儿子，但是也没有办法了。无咎，没有好，也没有坏。

姬昌为什么要在《周易》里隐隐约约地记录自己儿子被献祭的这些细节？其中一个可能的原因是，他虽然很难过、很痛苦，但是也积累了更多的愤怒，这最终让他决定要推翻殷商王朝。

另外也有一种可能，他在某种程度上相信祭祀的力量。因为后来在殷商被灭了之后，周人还是实行了很多人祭仪式，说明在当时的人们心中，用血来向他们的上苍致敬，是一件非常重要的事情，是合乎伦理、合乎道德、合乎他们的信仰的。

所以姬昌可能隐约觉得，虽然很痛苦、很愤怒，但是毕竟是把他的儿子作为祭品献给上苍。因此，他拥有了某种合法的继承权和统治权。这就是他的"投名状"，把自己的儿子投出来，跟殷商的祖先和上苍说："瞧，我也算是有忠诚度的人了，我连自己最喜欢的大儿子都献出来了。所以我推翻殷商也应该得到你们的支持吧。"这种隐秘的想法可能也是符合历史真相的。

不过还有另外一件更重要的事情，就是姬昌把这些东西记录在《周易》里。他在做一件很重要的事情，他在想：我用蓍草的方法推演出来的卦象，和这件事情之间进行对比研究，到底说明了背后什么样的真理呢？

事情发生了，然后将其与卦象对应，这背后其实是很有研究者精神的。他隐约感受到了隐含在六十四个卦象里面的种种不可名状的、神秘的东西。

让我们现在安静下来，你设想一下当年那位四十来岁，智慧已经到达人生顶峰，经历了人间最残酷的事实，心里怀着伟大梦想的中年男子，他在想什么？

普通的生死对他来说可能已经没有意义了。孩子反正有好几十个，老婆有若干个。相反，天下到底是怎么回事？宇宙背后有没有秘密？这个场景和那个场景是不是相连接？套用我们今天的话来说，如果每一个卦象是一个元宇宙的故事，从这一卦突然变到那一卦去，是不是这个宇宙和那个宇宙之间拥有了某种虫洞，是什么东西将它们连接并且打穿，继而穿越过去的呢？事情以什么样的方式在进行着流转呢？这些可能都是那个时候的姬昌每天要思考的问题。

相信无论是机遇、愤怒、仇恨，还是基于在某种程度上交完"投名状"以后，觉得自己的行为拥有了上苍的庇佑，还是基于权力或者某种我们不知道的原因，姬昌开始系统地和他的儿子们以及盟友姜子牙，策划推翻殷商的计划。**心中的梦想一旦出现，就会燃出熊熊大火。**

关键在所有的过程中，姬昌都在把他和他每一天卜出来的卦象进行连接。到底阳爻之后的阴爻意味着什么？连续的几个阴爻又意味着什么？然后把这个卦象反过来看，又是什么样的卦象？如果这些卦象不是按照固定的顺序一步步向下走的，而是跳着走的，那又说明了什么？时间是连续的吗？空间可以跳跃吗？到底我们在人世间所遵循的"我对你好，你就会对我好"这种道德律，在一个君王的眼中，在丛林法则里，真是如此吗？在伦理善恶之上，还有没有别的东西？那个东西到底是什么呢？

我相信那个时候的姬昌，每一天都把自己置于这样的追问当中，这不是简单的学术追问，这是一代天子、一代君王的追问。普通人可能真的很难理解，所幸的是，我们现在已经距离那个时代很远了，远到可以按照常识去推演一下。如果你了解这个，再去看《周易》，你才会明白，《周易》其实真的分成两个版本，一个是"天子易"，一个是"君子易"。

≡ 梁　注 ≡

- 六十四卦占算的方法，不涉及直接和殷商王朝的祖先通灵这类的说法。它只是一套算法。占卜者相当于一个工程师，工程师有些时候有某种中立性。

- 许多我们认为伟大的事情，都和某些人的个人命运相关。

- 《周易》其实真的分成两个版本，一个是"天子易"，一个是"君子易"。

10

关键盟友姜太公的加入

时间的流转、角色的变化、空间的转移，

坏事与好事只在一念之间而已。

姜太公吕尚真的是如那种天外飞仙一般的得道高人吗？

一个人仅仅凭着钓鱼之计就能把姬昌钓来吗？

姜太公到底是一个什么样的人呢？

获得自由的姬昌开始寻找盟友

姬昌的儿子伯邑考被杀，而且被做成了肉酱来祭祀天地，这对于已经萌生灭商念头的姬昌来说，是一个非常重要的时间点。很多史学家都认为，这个时候周真正地、坚定地走上了立志灭掉殷商的道路。

商纣王认为，姬昌吃了自己的儿子，第一，显示了周家对殷商的效忠；第二，姬昌不是圣人；第三，他们家最有能力的继承者伯邑考已经被吃了，那么周家已经不会有太大的威胁了。

于是在某种程度上，姬昌获得了自由。如果他获得自由之后马上回到故里，会传递不好的信号。于是，当年的姬昌和他的孩子们就留在殷商游历。

就像现在那些真真正正热爱中国传统文化，并且有留学经历的，一般是家境很好的孩子。他们在美国读书，毕业后进入美国的主流社会，知道了美国在某些方面的先进，但同时也知道他们存在的问题。这些人回到中国，让爱国变得更有力量。其实当年的姬昌和他的孩子们在殷商的这一段游历应该也有类似的体验。

姬昌发现殷商也不是一个团结的整体。商纣王的身边充斥着心怀不满的兄弟和宗族成员，他的儿子们和兄弟们为了权力明争暗斗，这也是一种可以想象出来的情景。

我看过一则史料，说商纣王其实当时也挺苦恼的，整个管理层都是家庭成员，于是就有很多家族企业都存在的类似的困难。比如想提拔那些比较优秀的外人就会遇到阻力，再比如要打仗时，原本都活得舒舒服服的贵族被迫上阵，肯定会得罪很多人，于是形成了不团结的氛围。

后来，周武王灭商之后，扶持的一个傀儡就是商纣王的儿子武庚。你想想看，他能扶持这样的傀儡，之前肯定已经认识到了上述问题。

所以可以想象，那个时候，姬昌已经开始在分化拉拢商纣王身边的权臣，尤其是那些自认为被边缘化的、心怀不满的人。

最后能干成事业的，都是在敌方阵营有内线接应的，历朝历代皆是如此。 但即使商纣王身边的人能够帮姬昌里应外合，也是靠不住的，他们随时有可能叛变。

对于姬昌来说，他还需要一个坚定的盟友，这个盟友不属于殷商，而且要有真正的实干能力。这个人就是后来我们在读《封神演义》的时候所知道的姜太公。

小时候我们听到的姜太公，都是一副道骨仙风的样子，独钓寒江雪。而姬昌又非常聪明，礼贤下士，两人一拍即合。我们喜欢听这样的故事，甚至愿意这样给别人讲故事。

但是你想想看，在那样一个时代，阶层是固化的。怎么会有一个人，仅仅因为有知识而得道升仙，打通任督二脉，想明白一切之后，就告诉领导人怎么做事，这事就能干成了。

你觉得这种可能性大吗？搞实践工作，还是需要有那种真正有战斗经验和战斗意识的人吧。

姜太公其实是羌人。姓姜，吕氏，名尚，字子牙，所以你可以叫他姜尚，也可以叫他吕尚，也可以叫他姜子牙。

姜太公之所以成了文人术士，成了想象中的那种"天外飞仙"，能够仅凭开悟就获得阶层跃升的形象，有很多的考据是来自战国的说客。为什么这样说？因为这些战国说客手无缚鸡之力，但是读过书，他们要塑造一个智慧的形象，营造出一种"我明白事理，你什么都不需要，你只要听我的，按我说的做就能成功"的感觉。

如果你真正读历史，会发现其实很难有这样的人。真正能把事情干成的人，都是既聪明又不怕死，而且有战斗经验的人。

《史记》中说，姜太公是东海上人，一生漂泊，没有固定的居所。我们在考据了各种正统记载和野史之后，发现关于他的身世，有几个版本可以供大家参考。

第一个说姜太公吕尚曾经为商纣王服务，看到商纣王的种种不良行径之后，有点失望，转而去西土，在渭水之滨垂钓，从而受到姬昌的重用。这是我们刚才说到的不大可行的一个版本。

第二个版本说吕尚本来在东海之滨隐居，后来受散宜生、闳（hóng）夭[1]等人邀请，加盟了周，一起去营救了姬昌。这个说法也很难说得通。

但是无论如何，我们在《史记》中可以看到，姜太公是一个足智多谋的人，他不仅对殷商的政治制度非常了解，而且对社会底层人民的生活也很了解，甚至还懂得如何训练野蛮人打仗。这件事情还真得是一个很奇怪的角色才能够做到的。

---

[1]　散宜生、闳夭：姬昌被囚禁期间，这二人均参与营救，后来成为西周开国功臣，名列"文王四友"。——编者注

姜太公身份之谜

战国时期屈原写的《天问》里，有几句很有意思的质问："**师望在肆，昌何识？鼓刀扬声，后何喜？**"这就是问：吕尚在屠市里挥刀砍肉，姬昌是怎么认识他的？听他挥刀的声音又为何感到欢喜？

根据《天问》，我觉得更靠谱的说法是，姜太公吕尚以前应该是一个屠夫。

关于这一点，李硕老师提出了几点理由：

第一，只有做屠夫的人才会真正狠辣。在那个时候，屠夫可能是杀牛的，也有可能是杀人的。一个经常把人解剖、剁开的人，他才能足够狠。推动一场大型的战役，没有这种狠劲儿，手无缚鸡之力，是很难领导军队的。

第二，后来吕尚还找了很多在一线战斗的人，你想想看，什么领域才容易出战士？多数都是他的同行，只有那些屠夫才有真正的挥刀上案的经验。

第三，很多殷墟的发掘结果表明，那时候的屠夫经常会拥有自己的武装。当商王要发动对外征战的时候，屠夫村的男丁都会参加，这也是他们掠夺财富的机会。而且在作战过程当中，那些本来就是杀猪、杀羊、杀人的人就够狠。

两军相逢勇者胜。比如两个人打架谁会赢？通常是那个比较狠的人，这跟有没有学过拳脚没有关系。有一次我儿子在学校跟人打架，好像没有赢。我问他："你不是黑带吗？你还学跆拳道，我让你从小去学跆拳道，就是担心有一天你被人打，造成心理阴影。"我儿子说："我怕——我怕打死他。"我说："你想多了吧，就你那花拳绣腿。"

我想主要原因是，我从来没打过我儿子，他没有见识过真实打人的暴力场面，所以哪怕他去学跆拳道，学的其实也是腿脚上的功夫，戴着很厚的护具，根本就不会有实战的危险。

所以由这些常识倒推回来，吕尚很可能就是一个屠夫。后世有很多人说《阴符经》《六韬》的作者都是吕尚，这其实本质上都是"IP化运营"。中国历史上有很多经典，如《素女经》《黄帝内经》，这些其实大多是历代的研究者一遍又一遍地"跟帖"之后，把中间的精华萃取出来，然后找一个"大IP"冠名，这是中国文化的一个常见现象。

关于姜太公吕尚的屠夫身份，其实在秦汉时期有不止一种文献作出过非常清晰的描述。屠夫这个行业，既高级又野蛮。说野蛮，他天天和肉堆打交道，刮肠子、肚子、骨头，血淋淋的。但是它也合于道。《庄子·养生主》就讲到庖丁解牛，讲的是一个屠夫如何借由屠宰、解剖动物去理解生命本身。

很多人说中医不科学，没有做过解剖，那其实是不了解中医。殷商时期的医生不仅解剖死人，还解剖活人。一些重要的结果，有可能基于一些残暴的事情。

当大家都在享受着医学昌明对人类贡献的时候，你有没有想过，它刚开始可能是一些人间悲剧。时间的流转、角色的变化、空间的转移，坏事和好事只在一念之间而已。

总之，姬昌不知道以什么方式找到了很可能是屠夫的姜太公。姜太公可能以前是某个羌族部落的首领，不知道以什么样的方式流落到了殷商的都城。因为他以前做过首领，所以拥有首领的格局和视野，而且此人极其聪明，据说在谋略、数学、战略规划方面都很有能力，更重要的是他长期在屠夫界工作，所以拥有一帮屠夫朋友，这些人后来应该成了很重要的战斗上的主力军。[1]

1　《说苑》卷八载："太公望，故老妇之出夫也，朝歌之废屠也，棘津迎客之舍人也。"——编者注

此外，姜太公还有一个很重要的角色。那时候占卜要用牛骨，好的骨头都要找这些屠夫来要，所以就会有一种占卜界和屠夫界隐秘的社会关系网。于是姜太公有可能借由这种方式，了解到殷商上层社会的故事和矛盾。

这个情形就像你在某单位旁边开了打印店和餐厅。那些职员经常出来打印材料，还经常在你的餐厅里聊天。只要你是个有心人，时间长了，一定可以捕捉到很多信息，姜子牙可能就是这样一个角色。

还有我们后来都知道的，姜子牙的女儿嫁给了周武王。有一个非常重要的细节，值得我们去展开丰富的想象。

周朝的开国王后——周武王的妻子，叫邑姜，"邑"和伯邑考的"邑"是同一个字，你觉得这是巧合还是另有原因？你要知道在那个年代，名字重复的情况是很少见的，更何况是一个屠夫的女儿用了"邑"这个字。

所以有人猜测，有可能最开始姜子牙是把自己的女儿嫁给了伯邑考。那个时候，伯邑考风流倜傥，一表人才，还在为商纣王驾车。理论上来说，也是周部落未来的继承人。如果你是一个非常有远见并且聪明的老头，你会把你的女儿嫁给排行老二的姬发吗？但姜子牙把女儿嫁给了伯邑考之后，伯邑考被商纣王烹了，做成了人肉酱。于是伯邑考留下来的这位妻子嫁给了他弟弟姬发。这好像比较符合常理。

邑姜，一位在历史中隐身的开国王后

邑姜，作为开国君主周武王的王后，本应是一个备受瞩目的人物。周武王的母亲和祖母都很知名，被"大书特书"，反倒是周武王的妻子邑姜的历史记载不多，你不觉得这是一件非常蹊跷的事情吗？背后一定隐含着某种不愿说、不想说、不敢说，又难以启齿的尴尬。

有一段李硕老师的历史想象，这个想象具有故事性，供大家参考，我们一起看看这个场景是否有可能。在李硕老师的想象中，伯邑考当年是商纣王的御者，也就是为他驾马车的人，平常也住在皇宫里。有一次他到城市的西南边散步，穿过占卜师的居住区，来到了一个大型的屠宰场。这个时候有一个女孩子正在捡骨头，她注意到了这个有点像西边来的年轻贵人，然后他们开始了一段不寻常的故事。也许就是这样的一段偶遇让他们俩结缘。

但这是李硕老师坐在昏暗的灯光下，读着甲骨文想象出来的情景，真实的情况我们现在已经无从知道。

但是我们起码知道一件事情，就是邑姜是一位相当了不起的女子，她继承了她父亲姜子牙的智慧。由于她从小跟着父亲在屠宰场工作，所以也应该是一个泼辣、敢说敢干、无畏生死的女子。所以后来在一些历史资料里说，她也协助夫君和年幼的儿子上战场打仗。

不过从岁数上来推断，姜子牙在认识姬昌的时候，姬昌大概四十岁，姜子牙可能已经六七十岁了，也就是说他的女儿可能也三四十岁了。而那个时候的周武王和他的兄弟们，可能也就二三十岁。这正好印证了大过卦里讲到的儿子娶了一个比较年长的女孩子的卦象。

关于这次见面，李硕老师的猜测也不是完全没有道理。我们可以看看睽卦所描述的场景，其中说："悔亡，丧马，勿逐，自复。见恶人，无咎"，翻译过来就是：没有人逃亡，马也丢了，但是不用追，马自己会回来。在这个过程当中，我碰见了一些凶恶的人，不过没有灾祸。

然后在睽卦的六三爻里讲到了一个故事，翻译过来就是，有一个人困在路上，牛拉不动车了，赶车的人额头上刺着字，鼻子被割掉了。这件事没有开端，但是有结果。原文是"见舆曳，其牛掣，其人天且劓（yì）¹，无初有终"。

到了睽卦的九四爻，说"睽孤，遇元夫，交孚，厉无咎"。就是一个人离开，碰到了一个高个子的人正在把俘虏绑起来，好像不是很顺利，但是也没有灾祸。

到了六五这一爻，说：后悔丢了东西，那家人在吃肉皮，去吧，有什么灾祸？原文是："悔亡。厥宗噬肤。往何咎？"

到了上九爻，讲"睽孤，见豕负涂，载鬼一车"。就是意见不合，看见猪在泥坑里打滚，有一个人拉了一车鬼。为什么说"拉了一车鬼"？只能有一种情况，就是拉了一车的骨头。有人先张开了弓，又放下了弓。这个人不是劫匪，看着很凶恶，鼻子又被割了，拉着一车的人骨头。但是他不是坏人，不是劫匪，最后两人结婚了，而且下了雨，很吉祥。原文是："先张之弧，后说之弧，匪寇婚媾。往遇雨则吉。"

我们来整理一下这个故事。有一天，主人公（可能是姬昌或者是他的儿子）丢了东西，然后走到了一个陌巷里，那个陌巷很泥泞，他看见猪在地上打滚，有一个人鼻子都被削掉了，脸上还刻着刺青，一看就是犯了罪的人。看见这个情景之后，还看见了有另外一个人，拉着一车的人骨头。在陌巷里的种种遭遇很可怕，但是这件事情最后却成就了一段姻缘，是个吉事，所以叫"无初有终"，这是睽卦。

如果以后你碰到了某件事情，然后正好占卜到这一卦，你大概可以想象这个故事给你的隐喻是什么了吧？也许你正在经历极其痛苦、前途泥泞的一个过程，也许你碰到的人让你很不爽，让你觉得很恐怖，一点都不像朋友。

1　天，墨刑，古代在人额上刺字涂墨的刑罚。劓，古代割鼻的刑罚。——编者注

也许他做的事情让你觉得胆战心惊，甚至一点都不正义，但是可能这个人就是你的贵人，可能你和他有一段很奇妙的缘分，可能你和他的合作构筑了未来的一段事业。

姬昌在记录这段故事的时候，他一定想到了什么，这种感悟一定上升成了某种哲学态度，那就是你当下认为很可怕的事，可能蕴含着一系列在未来看来很伟大的成果。一个在记录日记的人，用卦象的方式让与之相关的人和事产生连接，引发思考，同时形成了一种世界观：**他可能开始相信事情是"圆"满的，他往前走，穿过黑暗，穿过泥泞，可能会得到一个好结果。这个世界观就是"周"，"周"就是大圈圈。所以我们说看见方向、看见波浪。**

≡ 梁 注 ≡

- 时间的流转、角色的变化、空间的转移，坏事和好事只在一念之间而已。
- 你当下认为很可怕的事，可能蕴含着一系列在未来看来很伟大的成果。
- 他可能开始相信事情是"圆"满的，他往前走，穿过黑暗，穿过泥泞，可能会得到一个好结果。这个世界观就是"周"，"周"就是大圈圈。所以我们说看见方向、看见波浪。

11

周武王的噩梦

随着时间的推移，周公旦在解梦的过程中，
最终需要回答姬发一个核心问题：
他是否有能力和资格去完成这一使命？
他是否得到天意的允许？

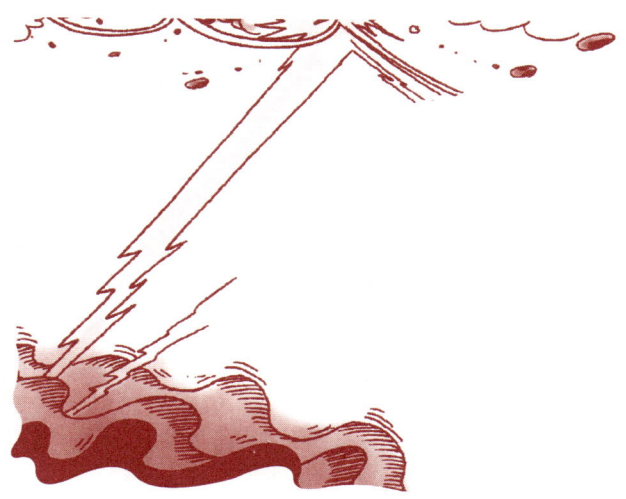

如果你也遇到像姬发一样的情况，随时面临凶险，
但是什么都不能做，还要显得很镇定，你会怎么办？
姬发的焦虑和他的弟弟姬旦形成了怎样一种隐秘而默契的关系？
中华文化在这样的契机下产生了什么样的变化？

一场尴尬的联姻

我们在上一章讲到，姜子牙把女儿嫁给了姬昌的儿子，但是这段婚姻可能是分成两段进行的。

李硕老师通过研读史料，推断出姜子牙的女儿邑姜最初嫁给了姬昌的大儿子伯邑考，达成了两个部落的联姻。

但由于伯邑考被杀，做成了祭品，此时的联姻就出现了一个裂缝：这个女儿怎么办？已经嫁给未来帝王的女儿现在变成了寡妇。

姜子牙和姬昌之间可能会因为这件事情而形成某种隐隐的对抗。你想想看，如果两家是联姻关系，姜太公是带着自己的女儿，帮自己的女婿和外孙夺取天下，他和姬昌的关系是一种近乎平等的联盟关系。

一旦伯邑考的弟弟姬发做了帝王，那么姜太公的角色就很尴尬，他是顾问、总参谋长、总策略设计师。根据人性，一旦战争取得胜利，他的角色就会非常危险。

所以此时，姜太公应该对这个问题进行了深入的考虑。

《周易》震卦的上六爻有一句话叫"婚媾有言"，李硕老师认为，伯邑考之死导致姜太公和姬昌之间出现了争执，叫"有言"，也就是"有话说"，意为有争论。最后怎么解决这个问题？最完美的方法就是即将继位的姬发不仅接替了哥哥登上王位，也接纳了哥哥的妻子邑姜。

这位原为屠夫之女的邑姜，年纪比哥哥还大，再嫁给弟弟后，理论上生育能力可能不足。史料记载，后来姬发的王后很晚才生下儿子姬诵，也就是后来的成王。这导致姬发都没有办法好好培养孩子，周朝便形成了一个权力真空期。当然，这是后话。

在周人的史诗中，亶父、季历、姬昌这三代的夫人——太姜、太任、太姒，都获得了诗人的称颂。姬发的夫人邑姜却默默无闻，周人的各类文献几乎没有留下关于这位夫人的记录，你难道不觉得"事出反常必有妖"吗？

近年出土的一些青铜器铭文才零星记载了这位夫人在西周初建时的功勋。个中缘由，有可能是邑姜更换过丈夫，也有可能是伯邑考在殷都的死因是姬昌家族一个巨大的隐痛，没有办法向人提起，所以干脆把她也一起隐藏于幕后。

姬发的梦魇

再说回姬发，我们设身处地还原一下他的境遇。

首先，他娶了一个比自己年纪大很多的女子邑姜，不知道这位女子性格怎么样，但一定不是一个弱女子。毕竟她在屠宰场工作，什么样的尸体没见过。

而邑姜的父亲是翦商大业真正的操盘人姜太公。他拥有一些军事上的合作伙伴，同盟可能包括了他在殷商时期作为屠夫时结识的伙伴们，不同族群的"合纵连横"，都要由姜太公来推动。姜太公本身是羌族人，姜姓在羌族中十分常见，亲戚众多，类似欧洲小国间的王室联姻，大家都是亲戚，也只有亲戚才能互相带动。

你可以想象那个时候的姬发是什么状态。在殷商的都城，他亲眼看见父亲被抓的场面，回来后父亲基本不理朝政，一心算卦。甚至有说法认为姬昌晚年有痴呆，已经不再记事，心中只有一个信念，那就是翦商。同时，姬发的妻子年纪又大，又很厉害，还很有权力，实际的权力控制人是他的老丈人。在这种背景下，姬发的妻子邑姜及其家族掌握了实际权力，而他自己则被推向前线。

在血腥的祭祀场上，姬发曾经多次看见被抓的俘虏，被当场残害，甚至生煮，到处都是惨叫声。同样在那个祭祀场中，姬发看见自己哥哥的命运，他当然会意识到，如果事情一旦败露或者失败，那下一个被煮、被剁成肉酱的就是自己。

他能够和谁倾诉这些事情？老婆？老婆告诉他："往前冲，我们全家都跟着你往前冲。"老爹？老爹不管事，每天神神叨叨的，只知道算卦。他只能告诉一个人，就是那个叫周公旦的弟弟。

有本书叫《逸周书》，其中记录了很多周朝的历史故事。它不是《史记》这样的正史，很多古人认为这本书不登大雅之堂。但这些年越来越多的考古资料，还有一些甲骨文和出土文物证明，《逸周书》里讲的有些东西很有道理。

比如《逸周书》里有很大篇幅都在讲姬发的痛苦，他已经近乎抓狂。

他是一个必须在众人面前扮演领导者的人，一个经历过杀戮之后有心灵创伤的人，一个在婚姻当中很难获得幸福的人。甚至从弗洛伊德的精神分析法、肉体分析法、性压抑法等层面来分析，一个三四十岁的男人想再结交年轻的异性朋友，应该也是压力重重。

比如你今天去认识了一个你喜欢的女孩子，老婆也没说什么，结果第二天，发现那个女孩子被做成了肉酱，你是什么感觉？

在这样的重重压力之下，姬发的身体很容易出现一种状况，就是失眠。所以我们说，每一个失眠的人身体里都住着一个恐惧的灵魂，事有不成，必有所惧。很多的贪婪、愤怒，本质上都是恐惧，恐惧滋生出贪婪与愤怒。

"心理咨询师"周公旦

《逸周书》里有几段很有意思，其中讲到，王召周公旦曰："呜呼，余夙夜忌商，不知道极，敬听以勤天命。"意思是，姬发说："我日日夜夜都在忧虑商朝的事情，不知道它的最终结果会是什么，我只能恭敬地听从天意，勤勉地履行我的使命。"

"呜呼，商其咸辜，维日望谋建功，言多信，今如其何？"姬发问周公旦："眼下商朝罪孽深重，我们图谋的事业有望成功。许多建议和谋划，值得信赖并可以实施了。你意下如何？"

这些段落都在讲，姬发每天都在做梦，梦见万一事情暴露了，被捉去做肉酱怎么办。每到这个时候，他就会找他的弟弟周公旦。

周公旦不是老大，也不是老二，所以他一开始就没有想过成为帝王。但是他的年龄又很接近哥哥们，在很小的时候也聆听过父王的教诲，可能从中获得了很多关于占卜的真传，所以经常一大早就被召唤去为他的哥哥做心理辅导。这件事可能正是"周公解梦"的真正由来。

但是随着解梦的深入，他最终要回答一个问题，这个问题的本质就是姬发不断地问弟弟：'我这样干行吗？我行吗？我被允许吗？上苍允许吗？我配吗？'"

很多人的人生问题本质上都是一样的，一个伟大的心理咨询师不能仅仅说："可以的，你真的可以的。"这样的鼓励是干瘪的，没有力量的，他必须找出一套理论根据。

因为那个时候人们彻彻底底地相信一件事情，那就是殷商王朝拥有独家祭祀权，也就是所谓的"人间代理权"。

殷商王朝已经向他们的上苍献牲、献食物、献牛羊，献了很多年，而且深深地了解上苍的性格，所以"上帝"是保佑他们的，因此才让他们做帝王，让他们这个殷商王朝维持了那么多年。

所以在那样的背景之下，姬发在内心对于自己要做的翦商大业其实是很不自信的，他的行为和决策在很大程度上是出于父亲的期望和要求。

周公旦可以做什么？他要找到一套合理的理由来告诉姬发："你可以。"

其中一个最重要的逻辑就是，你误会"上帝"了，"上帝"可不是一个那么庸俗的、随便发脾气的神，谁给好处他就给谁好处的那么低等的神，他其实是用他的一套算法来维持这个世界的和平与正义。

这套算法是什么呢？就是一套关于品格的描述：你是否尊重人，你是否有同情心，你是否能得到绝大部分人的支持，你是否不骄奢淫逸而引发别人的妒忌，你是否是一个宽厚的人，以至于让大家心甘情愿地支持你，人们支持你不是因为害怕，而是因为爱。

古人和现代人也没有那么大的区别，只是用的词不一样。在周公旦讲述的过程中，我不知道姬发信不信，我觉得周公旦自己信了。就像如今很多人要求另一半反复说"我爱你"，他们其实拥有一种最本能的智慧——当一个人反复说一件事情的时候，说多了他自己都会相信，这就是"自我催眠"。

实际上，周公旦扮演了姬发的心理咨询师、顾问、解梦者、陪伴者的角色，他无意中也成了儒家文化的奠基者。

为了让自己的解释圆满，周公旦重新定义了"德"这个概念，"德"不再是《尚书·盘庚篇》里殷商人那种无原则的恩惠，而是所有人生活在世间的客观道德律：孝悌、中正、恭逊、宽宏、温直。

这是《逸周书·宝典解》里的段落。"上帝"只会保佑有德之人，只要姬发修德，就一定能够获得"上帝"的护佑。这件事情直接影响了后来周公旦对《周易》的重新解释，中华文明的序幕拉开了。

☲ 梁 注 ☲

- 每一个失眠的人身体里都住着一个恐惧的灵魂，事有不成，必有所惧。很多的贪婪、愤怒，本质上都是恐惧，恐惧滋生出贪婪与愤怒。

- 当一个人反复说一件事情的时候，说多了他自己都会相信，这就是"自我催眠"。

- 周公旦重新定义了"德"这个概念，"德"不再是《尚书·盘庚篇》里殷商人那种无原则的恩惠，而是所有人生活在世间的客观道德律：孝悌、中正、恭逊、宽宏、温直。

12

翦商大计的战略推演

中国人逐渐从对神的相信，
变成了对算法和由这个算法
所引发出来的哲学逻辑的尊重，
这是一个前宗教社会向文明社会进步的重要过程。

为什么《周易》里经常出现"利涉大川"四个字?
为什么说《周易》就是姬昌霸商大计的战略推演?
如果你了解了当时的政治及军事战略版图,
你是否会对这些卦辞有全新的理解?

历史的车轮滚滚向前

我们在上一章提到,姬发的父亲姬昌,在从殷都回来之后不久就开始迷迷糊糊了,后人推断他应该得了阿尔茨海默病。在《诗经·大雅》里有一句话是"不识不知,顺帝之则",意思是不知道也不认识,这是典型的阿尔茨海默病症状。

但是在父亲姬昌的坚持之下,带着恐惧和质疑的姬发必须推进他的霸商大业。整个事件的核心人物有两个:据说是屠夫出身的岳父姜太公,以及为姬发排除噩梦困扰的周公旦。

周公旦作为姬发的弟弟,在不断地给他解梦、安抚他的过程中,也在为姬发的行为做出某种合理化解释。你要让一个人真正笃定地去做一件事情,那一定要让他相信这件事。

姬发的恐惧起码说明,他对自己做的事情内心充满怀疑和恐惧。可能他觉得自己并不是殷商所崇拜的那个上帝最垂青的人,也可能是他对父亲这一套基于六十四卦推演出来的算法存在怀疑。总之,一个人的恐惧一定来自某种不相信。

但推动历史的车轮已经启程。你看《周易》的卦辞、爻辞，没有"往后退"这件事，没有"不干了"这个选项，顶多就是"利艰贞"，即在艰苦环境下也要坚守正道，即便匍匐前进，也从不撤退。

所以我在读《周易》的时候读到了一样东西：自强不息的精神贯穿了整个卦辞和爻辞。在卦辞和爻辞彼此的变化当中，在能量转变的过程当中，没有退转。

而姬昌对六十四卦的推演，以及所记录的卦辞，某种程度上来说就是对这场伟大变革的推演。这对于今天的我们来说意味着什么，我在接下来的内容里会逐层和大家分享。

我相信我们都不是要做那种斗转星移、改朝换代的人，但学习《周易》，至少能帮我们做一个简单、幸福、面对选择和困境时候能够做出最有利决策的人，能帮我们从《周易》中获取某种亘古不变的道理，比如坚定地朝着自己的方向走，不退转的精神，比如有时等待、有时保持警觉的智慧，这些都极具启发意义。

翦商大计的三个层面

在李硕老师看来，姬昌为了翦商进行的理论工作大致可分成三个层面。

第一是宗教层面。此前殷商人对上帝的信念是强大且神圣的。在那个时候的人们看来，姬昌要对这个概念重新诠释和利用。他的身份类似于犹太教的摩西，伊斯兰教的穆罕默德，他身兼部族政治首领以及传达神圣意志的双重功能，身份特殊。

对于姬昌来说，他的故事线很清楚，他要告诉大家，上帝不会在每件事情上都管，什么婚丧嫁娶，今天应不应该朝东边走等，都不重要，上帝也不会无聊到去管这些小事。上帝只会设计一套算法，而每一个人都生活在他的算法里。

这与现代企业领导的理念相似，即一个高效的组织不应当由最高领导对每件事做出决策，而应基于架构、流程、文化和算法运作。姬昌想要告诉大家，周之所以可能成为天下的统治者，其合法性就在于他掌握了这套算法，他是这套算法的第一解释人。

这件事情太重要了，因为它直接开启了一个很重要的历史进程，那就是中国人逐渐从对神的相信，变成了对算法和由这个算法所引发出来的哲学逻辑的尊重，这是一个前宗教社会向文明社会进步的重要过程。

第二个是巫术层面。《周易》里有对商朝的各种诅咒和影射。在上古时代，把一些文化传播、咒语以及某些故事结合在一起，不仅能够传递特定的信息，还能够影响人们的思想和行为，从而成为一种有效的统治手段。

第三个是理性和世俗的策略分析和推演层面，包括怎么用兵、怎么打仗、怎么联络朋友等，这些都可以通过这套算法得到启示。这一点我们会在接下来的章节中重点介绍。

当然，这种分类是基于现代视角和立场的。在上古时代，神权、人权、巫术、知识，它们彼此之间糅合得非常紧密。

在认知水平上，姬昌的周部落和纣王的殷商王朝并没有本质的差别。殷商人对于鬼神世界的沉迷程度要远甚于周部落的人。

我们今天能理解他们吗？在殷墟以及周原的甲骨的卜辞里，我们能够识别很多常用字，能够大体判断每个句子的意思，但是他们为什么要那样做、那样想，我们很难有设身处地地感受和理解。

那个时候，人们的思想处在鬼神、算法、逻辑、自然规律，以及群体舆论、谣言的压力和裹挟之下。那些刚刚开始拥有的一点点文明，仍然在血污和恐怖之中挣扎。

无所不在的策略推演

说到《周易》，其中有个很重要的作用就是做推演。在《周易》的六十四卦里，有最少十个卦的卦辞和爻辞里都出现了"利涉大川"或者"不利涉大川"这样的字眼，这是什么意思？其实就是渡河，我们要结合当年的周和殷商的地理位置来看。

根据大部分考古学者的推论，周的位置大概在今天郑州的西边，殷商大概在郑州的东北边，中间隔着渭河，还隔着另外一条很重要的河——黄河。

今天的黄河，人们可以通过飞机、高铁轻松跨越。但把时间、空间推回到几千年前，黄河就是一个很大的天险。人、车、马怎么过去？在《周易》后面有两卦叫既济卦和未济卦，都是有关渡河的内容。两个卦的爻辞里面都出现了"曳其轮"，这是什么意思？

根据出土文物以及各种推演，"曳其轮"讲的就是直接用马车渡河。当时的马车就像现在的坦克和装甲兵一样，船又很小，如果要带领军队渡过黄河，是很难将马车运过去的。人们就想到把一些木材捆绑在车上，用木头的浮力带动马车漂过去，同时马匹跟在后面，马的尾巴会漂起来。

在既济卦的初九爻里就说，"曳其轮，濡其尾，无咎"。"濡"就是浸润，把马的尾巴沾得湿湿的。整句话的意思是：用轮子绑着马车漂过去，马一块游过去，这时候马尾巴就浮在了水面上。这段描述很具视觉性。

既济的上六爻、未济的上九爻都有"**濡其首**"，就是马头露出水面，头上的鬃毛都被打湿，漂流过河的样子。

除用舟法过河之外，还有一种方法。坤卦的初六爻叫"**履霜，坚冰至**"，意思是当地上有霜的时候，坚冰就快要形成了。姬昌的时代，河南和今天的广东气候差不多，是很湿热的，所以黄河下游不结冰，就算结冰也不算厚，难以承受人和马的压力。

周人曾在陕北的山地里生活过，所以他们知道，过河的话也许需要北上，到黄河结冰很深的地方，连人带车带马再一起跨过这条大河。

事实上，姬昌在考虑蠲商大业的时候，他一定把这些问题变成了他的生活日记，再用占卜的方法看哪一爻能够对应这件事情，然后把算出来的卦象，与他后来推演出来的事情、实践的结果进行某种关联。

这就是占卜，或者说**这就是《周易》的雏形——通过建立模型，通过对事实数据的分析，讨论背后的相关性或者是因果律。**可能有因果，也可能有超越因果的能量，这些构成了姬昌非常重要的思考。

而且在《周易》的蹇卦里有一句话叫"**利西南，不利东北**"，很多人都不知道这句话是什么意思，但如果你了解了整个历史大背景，你就知道，那个时候周的西南面全部都是羌族的小部落，而东北面就是殷商王朝。

这句话的现代解卖可能是在南部地区广泛建立联盟与合作，而与东北面的强权保持距离，准备可能的冲突。这种战略思考构筑成了姬昌非常重要的一部分。

如果把《周易》的故事翻译出来放到那个历史背景，再加上简单的常识推理，你就会发现，**这完全是一个在酝酿伟大事业的人，一个天子或者是准天子所思考的视角。**

这样的视角和思考对我们今天的人意味着什么？也许后世的易学家

隐隐约约地看到了这一点，包括周公旦和孔夫子。他们要做些事情，来完成《周易》另外一个"文化转基因"，使之适用于我们这样的升斗小民，帮助我们在要不要买股票、要不要离婚、要不要跟谁谈恋爱、要不要跳槽之类的鸡毛蒜皮的事上做出决策。

想到《周易》由一部这样高维度的书，转换为为我们这样的平民做指导，你是不是也开始感受到某种隐隐的况味？原来我们是如此的幸运，居然能用这么伟大的策略之书来指导我们的寻常生活。

在某种程度上，这是我们的幸运，也是《周易》的伟大之处。因为"其大无外，其小无内。应无所住，而生其心"[1]。

☷ 梁　注 ☷

- 姬昌对六十四卦的推演，以及所记录的卦辞，某种程度上来说就是对这场伟大变革的推演。

- 一个高效的组织不应当由最高领导对每件事做出决策，而应基于架构、流程、文化和算法运作。

- 《周易》的雏形，就是通过建立模型，通过对事实数据的分析，讨论背后的相关性或者是因果律。

1　"其大无外，其小无内"出自《庄子》，"应无所住，而生其心"出自《金刚经》。意思是它广大到没有边界，微小到没有内部，是最为珍贵的存在。不执着于任何特定的状态或现象，保持灵活和开放，就能够自由地生发智慧和悟性。——编者注

13

瓦解殷商的牧野之战

在后人的记忆里，
那个清晨的牧野血流漂杵。
一片原野之上全是尸海，
近六百年的商王朝就此终结。

为什么姬发在发动了一次讨伐商纣王的誓师大会之后，
却在群情激昂之时解散了大家？
为什么我们在历史上很少看见这一系列战争在《周易》里的占卜结果？
为什么强大的殷商可以瞬间瓦解，这个瓦解和《周易》有关联吗？

一面就散伙的誓师大会

公元前1056年，姬昌过世。姬昌过世之后把帝位传给了后来的武王姬发，确切地说还不是帝位，而是王位。为了完成父亲的伟业，姬发继续拉拢周边小部落，吞并那些不听从指挥的部落。终于，在他继位两年之后，举行了一次大的聚会，聚会的地点选在洛阳北边的黄河边，当时一个叫盟津的地方。

据说当时来了八百个诸侯，但我觉得这个数字有点不靠谱。假如真的是八百个诸侯，每个诸侯带十个护从，那就是八千人。八千人聚在一个地方，该怎么讲话？那个时候是没有麦克风的，也没有一个足够大的房子，让大家在一个密闭空间里去沟通。所以我想这个数据可能有一点点不真实。

但是无论如何，这个事件发生了。

在这次战争动员中，姬发控诉了商纣王的种种恶劣行为，比如把贤良的人拿来烧烤，杀死了自己的叔叔比干并剖出其心，肢解孕妇，砍断人的小腿等，还描述了很多细节，这些内容都在《尚书·泰誓》里有记载。

同时姬发还说，商纣王居然没有主动祭祀，得罪了上帝和先王。这种说法很有意思，那是人家的祖先，人家祭不祭祀自己的祖先跟你有什么关系？但是姬发用这样的方式去呼吁大家对抗商纣王，说明当时殷商的祭祀文化，以及这种祭祀文化所代表的天命观念，已经得到了广泛的普及。这一招，就是"用魔法打败魔法"。

但奇怪的是，这次的会盟之后，他们并没有一鼓作气一直往殷商打过去，而是各自回家去了。有些人说是因为当时出现了一些奇怪的异象，比如突然有一条白色的鱼翻到了船上等，所以取消了继续攻打的计划。

我认为事实可能不是这样，另外一个可能性也许更合理一点。设想一下，那个时候没有麦克风，大家都听不清上面的人在说什么，只能靠前排的人听清楚后跟后排的人讲，用这种方式一传十、十传百，之后回去再告诉自己部落里的人。

我们以前都做过游戏，一个信息，经过五个人、十个人讲之后就难免添油加醋，甚至变得面目全非。只要播下第一个故事的种子，后面的人听到的版本就极其恐怖了。

比如商纣王如何把小孩子拿来吃，把小孩子钉在石柱下面当地基去祭祀，又如何造酒池肉林、强抢民女等等。总之所有跟性、暴力有关的，有助于谣言生根发芽的元素，一定会得到强化。

在古代，任何事物的传播速度都比较慢，不像现在一个事件一发生，马上就传得尽人皆知。

比如乌克兰这边刚刚开始打仗，两分钟以后全世界都知道了，然后每天实时直播。现代人已经习惯了这种节奏，所以很难理解在古代一件事情是需要酝酿和发酵的。经过发酵的事情才会有生命，酱油、茅台和谣言都是这样。

而且谣言会根据听众的口味进行自我改良。人们越讲越逼真，越讲越觉得合理，并且越讲越义愤填膺。这种战争动员、妖魔化对方的过程需要时间。

到今天为止，一个国家和另外一个国家之间，或者一个公司和另外一个公司之间，要进行某种竞争的时候，舆论把握能力始终都是核心能力。

就这点而言，各位亲爱的朋友，如果你是一个了解世界运转之道的人，请对网络上情绪化的表达保持一份冷静，不要匆忙加入讨论、点赞。因为以后有可能会看见这件事情的另外一面，届时会为自己当初的鲁莽而感到汗颜。

这是一个人学历史、了解传播和新闻事件时必备的基本公民素养：不要轻易地相信别人讲的故事，包括梁某人的观点。你只需知道："有一个笨蛋是这样看这件事情的。"最终每个人都会慢慢地从自己的视野生发出一种多元的角度来看待这个世界，这才是一个成熟的公民社会的特征。

瓦解殷商的牧野之战

在这次盟津之会的两年之后，大概在公元前1046年，姬发正式发兵，往东部打过去。

但很奇怪的是，当时的盟津之会不可能封锁消息，商纣王应该很清楚地知道，姬发已经在联络各部落，要打过来了，居然两年之内没有反应。

这说明什么？这意味着商纣王的动员能力和反抗能力已经不够了，或者商纣王对自己极其自信，认为这些乌合之众不可能对他的王朝产生冲击。

但历史就是这样，掉以轻心就会受到惩罚。在公元前1046年这一年的冬末春初，这场战争正式开始。

据说当时双方是在一个叫"牧野"的地方进行大对抗。据《史记·周本记》记载，周这边总共兵力约为四万五千人，而殷商的部队有七十万人。尽管这可能有夸大的成分，但是从人口或者兵力上来说，殷商绝对是碾压对方的。

对阵的时候，大家都有点慌，因为历史上还从来没有出现过这么大规模的群架。据史料记载，做过屠夫、白发苍苍的老人姜子牙，突然冲出了队列，带头拿着砍刀往对面冲过去。在那个冷兵器时代，凭借的完全就是勇气。

周在殷商也安排了内应，一些处于殷商内部的朋友说，只要你们打过来，我们就发动内变。结果周的人马冲过来，殷商的七十万人就瞬间乱作一团。

如果不是自己内部发生分裂和动乱，一支四万五千人的队伍怎么可能打败一个七十万人的队伍？哪怕这七十万的数字有一点夸大的成分。

在战斗过程中，有两个细节特别有意思。

第一个细节是上阵之前，姬发绑袜子的带子掉了，旁边的同盟者没有人过来帮他系鞋带，最后是他自己系的。这说明当时跟他一起战斗的人，都认为自己只不过是支持他的正义事业，只是一起剿灭殷商的合作伙伴，而不是他的手下。

就如马斯克在帮特朗普竞选时，如果特朗普鞋带松了，马斯克会去帮他系鞋带吗？当然，根据常识，马斯克的这种盟友心态，一旦面对的是掌握生杀大权的总统特朗普，是否会引来不满，则另当别论。

另一个细节是，在历史记载中，几乎没有记录姬发在攻打殷商的过程中是否有起卦，也没有记载提到从卦象中获得如何打仗的启示。

我突然意识到一件事情：**君子不占。真正重要的事，不要随便占卜，这**

件事一定是要顺应大趋势的。

占卜的作用只是用来让你的同盟者相信，让大家觉得这是天意。真正需要行动的时候，箭在弦上，该怎么打就怎么打，那都是应该做的事。

总之，这次大战非常惨烈。请想象一下，在冷兵器时代，大家打群架的感觉是什么？互相砍杀的人群，把刀都砍钝了，血流遍野。天上下着大雨，最后雨停了，沟壑的积水全部都是血。尸体与兵车盾牌沉浮其间。

在后人的记忆里，那个清晨的牧野血流漂杵。一片原野之上全是尸海，近六百年的商王朝就此终结。

在周人的史诗中，姜太公在那个黎明变成了一只鹰，盘旋在牧野的上空，而积云散去的清晨，被周人称为"清明"。这可能是关于"清明"的最早记载，《诗经·大雅·大明》中说："维师尚父，时维鹰扬，凉彼武王，肆伐大商，会朝清明。"意思是师尚父姜太公，就好像是展翅飞翔的雄鹰，他辅佐着伟大的武王，袭击殷商讨伐那帝辛，一到黎明就天下清平。

如果我是说评书的，这场战争值得在台上讲上一个小时，因为有太多传奇的细节可以展开。但我不想讲这场战事的过程，我只想说我在这场战事里看见了什么，那就是：得人心者得天下。

一个四万多人的松散联盟部队，为什么可以瓦解七十万大军的殷商？只能说殷商内部早已分裂。关键时刻给敌人带路的，往往都是自己人。

一个巨大的王朝顷刻之间瓦解，这充分说明，战胜对手的方法从来都不是从外部战胜，而是从内部引爆。

万物都有它自己的生命周期，也许无论有没有周，殷商都已经走到了这个节点。就这点而言，它倒也符合《周易》所理解或者探讨的问题，那就是万事万物皆处在某种起承转合的轮回当中，万事万物都在变化，万事万物都遵循着那个变化中不变的真理。

里应外合, 攻破殷商

当姬发率大军到来时, 纣王佩戴天智玉, 点火自焚而死。两个最美丽、最受他喜欢的妃子, 包括妲己也都自杀了, 不知道她们是不是真的自杀, 总之她们的尸体就被吊在那儿了。

我们曾经讨论过一个问题：妲己有可能是周的内线, 她可能是帮助周文王突破重围, 获得殷商信任, 重新回家的一个重要人物。

但是在那样一个大趋势下, 她也只能有意无意、自觉不自觉、主动或被动地沦为牺牲品。

所以后来姬发把妲己的哥哥封为周的司寇, 可能隐隐有一种对苏家人的回馈吧。

说回来, 当时姬发进到殷商首都的时候, 有一个细节很有意思。当时商朝的贵族都在郊外列队迎候, 商人都"再拜稽首", 也就是下跪, 以头磕地两次。

关键是姬发自己也下了战车, 向殷商人叩拜作为回答。

这段内容来自《史记》, 后世有专家认为, 武王伐纣是正义之举, 怎么可能向殷商人跪在地上回拜呢？其实这恰好说明, 当时姬发很清楚地知道, 不是他战胜了殷商, 他只不过是配合那些内应, 那些内应才是真正推翻殷商的主力。

☰ 梁 注 ☰

- 君子不占。真正重要的事，不要随便占卜，这件事一定是要顺应大趋势的。

- 战胜对方的方法从来都不是从外部战胜，而是从内部引爆。

- 万事万物皆处在某种起承转合的轮回当中，万事万物都在变化，万事万物都在遵循着那一个变化中不变的真理。

14

江山易主，武王传位周公旦

一个将信将疑的，秉持《周易》精神的周武王，
在这样一个时空有些错乱，血色与黄昏并举，
人肉与牛肉共吃的时段里，他是什么样的心情？

作为统帅的虎武王，真的相信《周易》吗？

当他攻入殷商首都的时候，

他用什么样的方法来化解殷商人内心的恐惧与愤怒？

他如何有效地完成权力的交接，并且传达出他的权力来自天意的合法性，

最后他又如何走向他生命的尽头？

姬发用"魔法打败魔法"

战争的胜利，意味着姬发作为周武王，正式登上了历史的舞台。但这并不意味着他的江山从此稳固。

据说，当时武王做了一件很重要的事情，就是要用商人所熟悉的宗教思维，用法术对抗法术，来化解纣王自我献祭带来的可怕后果。

有人认为，商纣王自杀并不是走投无路，而是用一种最高级别的自我祭祀，让自己变成了神在天上诅咒，对所有背叛他的人进行加害。

因此，周武王就在战车上对着商纣王的尸体连射了三箭，然后把商纣王的人头割下，悬挂在太白旗之下，以此破除诅咒。其实他做这场法事就是为了表演给大家看：商纣王不是神仙，我都可以把他射成这个样子。

除了这种"用魔法打败魔法"的方法，武王还使用了一个标准的笼络政

敌的操作：他把纣王的叔叔箕（jī）子¹释放了出来。箕子应该算是商朝老派贵族的代言人，已经被纣王关押了好几年。当武王把箕子放出来的时候，很多殷商的势力就有了安全感。顺便提一句，箕子后来被分封到了朝鲜半岛，所以韩国人也研究《周易》。

这件事很重要，因为武王刚进城，想要做统一战线联盟，想要搞大局协商，要怎么干这件事情？据说武王和箕子进行了一番长谈，主要谈论的话题就是：周把纣王给消灭了，之后怎么办？

周全权接管殷商吗？殷商这么大的队伍，周"吃"得了吗？箕子说："殷商有这么多人，这么高等的文明，虽然你们打败了我们，但是我们心里觉得我们的文明还是比你们高，你们要怎么管理？把所有人都杀了？还是怎么办？"

这场谈判的相关内容只在《逸周书》里保留了篇名，内容已经遗失了。很可能当时他们达成了一些后世看来不太道德的协议，或者是当时达成了协议，后来周又反悔了，所以就把当时的文件全部销毁。总之，具体内容已经没有了。

据考据，当时他们达成了以下主要共识：

第一，圈定商纣王是主要的大反派，他的死党要全面肃清。殷商王朝可以保留一位双方都能接受的王子来继任商王的王位，就是说，殷商这个国家继续保留着。

第二，周要长期驻军在殷都。看到这里，你不觉得很熟悉吗？美军占领日本以后差不多也是这样——废掉你的武装，接受我的保护，以驻军的方式

1　　名胥余，商末贵族，与微子、比干并称"殷末三贤"。他是商王帝乙的弟弟，商纣王的叔叔。箕子曾辅佐商纣王，见纣王荒淫无道，曾多次劝谏，但纣王并未听从。后来他因反对纣王的暴政而被囚禁。——编者注

号称是保护你，其实是监督你。这在古代已经有先例了。

所以在这个安排之下，商和周当时成了两个并立的王朝。

商周完成权力交割

当时，武王还通过一系列的公告来向大家澄清，上帝在人间的统治权已经从殷商转移到了周。今后的商王不再和上帝之间有任何联系，也不再用"帝"这样一个尊称。

一位可能来自商朝的大祭司尹佚负责宣读给上帝呈上的汇报，大意是：殷商王朝的末代子孙，商纣王帝辛已经丧失了先王成汤所秉持的明德，不尊敬祖先、不尊敬上帝，大搞权色交易，不爱人民、不讲文化、不讲诚信，乱搞男女关系，这些事情都是不容于上天的。现在秉承上天的意志，结束殷商的统治，由周来继续统治。

后来武王还发表了针对商朝贵族的长篇讲话，这一段被纳入了《逸周书·商誓解》里。

> 今在商纣，昏忧天下，弗显上帝，昏虐百姓，奉天之命，上帝弗显，乃命朕文考，曰殪商之多罪纣。肆予小子发，弗敢往天命。朕考胥翕稽政，肆上帝曰必伐之。予惟甲子，克致天之大罚。帝之来，革纣之。予亦无敢违大命。

这段话的大意是，现今的商纣王，昏庸无道，既不敬畏上帝，而且暴虐百姓。他身居帝王宝座，却不能为上帝添彩增光。所以，上帝昭告我父亲周文王，顺应天命去杀死罪孽深重的商纣王。我作为文王的儿子，也不敢违背天命。我的祖辈都谨记传承后稷的祖训，同样也会遵从上帝让我们征讨的使命。因此，我在甲子日，完成了上天惩罚商朝的命令。我是奉上天使命，来革商纣王之命，这也是我不敢违背的天命。

其实在《逸周书》《史记》还有《诗经》里，所有关于权力交割的细节有一个非常有意思的现象，那就是现场很少提到后世所遵循宣传的理念，什么自强不息、厚德载物，什么变化之道，君子以顺德……整个权力交接的过程，基本上都是围绕着人头、殷商的祭祀、鲜血，还有反复的宣誓。

周武王常年的焦虑终得释放

我一直在想，武王当时是什么样的心态，完成这样的权力交接和制度建设。从大的战略上来说，他可能隐隐觉得当年父亲说的是对的。父亲通过对《周易》的解读早已发现，你是可以推翻殷商的统治的。但是可能武王有点怀疑，这个结果到底是应了《周易》的预测，还是各种权力的纷争破裂导致的，抑或仅仅是自己的侥幸？

结合之前所说，武王已经长期处于失眠、焦虑、抑郁、狂躁、痛苦的挣扎当中，当大业已成，常年的痛苦突然以某种方式释放之后，武王做了什么？

武王首先还是沿用了殷商的祭祀方法，把当时商纣王的一些心腹党羽，全部用传统、经典的殷商祭祀方法处理，该剁的剁，该砍的砍，该煮的煮，该吃的吃。据说持续了好几个月才结束。

一个人在反抗另一个人的时候，最终成了他。周武王在和商纣王对抗结束时，居然成了商纣王。

你也可以想象，一个将信将疑的，秉持《周易》精神的周武王，在这样一个时空有些错乱，血色与黄昏并举，人肉与牛肉共吃的时段里，他是什么样的心情？

周武王带着这一系列的历程回到他的故乡之后，不久就大病复发。在他知道自己生命无多、大限将至之时，他做了一件事：邀请他的弟弟来继承王位。

不得不做的事无须占卜

武王重病后邀请周公旦即位，我觉得这是一个特别重要的历史时刻。

> 王曰："旦，汝维朕达弟，予有使汝，汝播食不遑食，矧其有乃室。今维天使子，惟二神授朕灵期……朕卑皇衹不得高位于上帝。汝幼子庚厥心，庶乃来班，朕大肆环兹于有虞。意乃怀厥妻子，德不可追于上民，亦不可答于朕，下不宾在高祖，维天不嘉二降来省，汝其可瘳于兹。乃今我兄弟相后，我筮龟其何，所即。"

用现代的话翻译出来大意是：我的身体已经不行，现天地二神已经昭示我的寿限，我没有办法完成先祖们留给我的事业了，我深思我们刚获得的天下之主王位，我需要把它传给你。

我未竟的事业，和我已取得的功绩，我都亲自交给你。你要继续实现先祖的心愿，希望你能接好这个班。你如果过于牵挂妻儿，就做不好周王的工作，以后也无法面对我和列祖列宗，我相信你不会这样。

重点在最后一句话，这种事情只有你了，没得选择。

这让我想起一件很有趣的事情，有一天，我约了当年的一个同事一起吃饭，他的儿子和我儿子同龄。吃饭的过程中，突然发现我们俩的小孩不见了。开始的时候我们还觉得这么大的孩子不会丢的，但过了三四十分钟都找不到的时候就很害怕了。

那个时候我问自己，要不要占卜？不，我不敢。怕万一占出来一个特别不好的卦象，自己瞬间就会崩塌。所以在那个时候，我是不占卜的，只是花所有的时间去找这两个小朋友。当然后来孩子找到了，他们自己跑去乐高店了。

为什么举这个例子？我想说的是，一直以来，大家都有一种心照不宣的默契：在必须做的事情面前，在大的趋势面前，在无可奈何的时刻，不要占卜。就像我必须去找我儿子，不管找不找得到，一定要去找，所以就不用占卜了。

你可能会想，为什么我们讲到这里，还没有开始讲《周易》，其实我已经在讲了。如果我们不能够真正理解《周易》在历史上的地位，以及在某些重大的时刻，人们是如何面对它的，那么就很难真正理解后来孔夫子说的"明知不可为而为之"的意义。

人生很多时候，当你无从选择，完全不知道该如何办的时候，也许你可以用占卜的方法来帮助你看清自己内心的真相和欲望。但在不得不做的事情面前，是不需要占卜的，你的所有精神和能量应该花在如何去做。

这可能涉及一个人生的终极选择问题，就是如果你面临的是一个不得不奋斗、不得不前行的方向，那么你还需要犹豫吗？也许那个时候就没有什么好犹豫的了。

就像一个曾经上过战场的老兵跟我说过一句话，他说："不怕死是假的，枪林弹雨中，走着走着前面的战友'啪'的一声就倒在你面前，你怎么办？你是不可能停在那里装死的，只要敢当逃兵，后面的人也会直接给你一枪。在那种氛围之下，你只有一条路就是往前冲，所以那个时候也没有什么好害怕了，反正就是这样了。"

他说他能够活下来，基本上是个奇迹，但是他在冲的时候其实已经没有想生还是死了。所以面临必须做的事情的时候，一秒钟都不应该去犹豫是往左还是往右，率道而行，往前走，在该死之前，你不会死。

成为摄政王的周公旦

当时周公旦却被自己哥哥这一番话吓坏了。周武王让他接这个王位，他接还是不接？

明面上来说，做君王是一件很苦的事情，看着自己的父亲一辈子操劳，看见自己的大哥被剁成肉酱，看见自己二哥这么多年来饱受失眠焦虑症的痛苦，他能不害怕吗？

领导人，尤其是这样的王位继承人，叫作"最后一班岗"。你背后已经没有墙了，你没有领导可汇报了，你也没有任何的退路了。周武王还有周公旦这样的兄弟给他做心理指导，那如果周公旦自己接了这摊事儿，他该如何是好呢？

我觉得这是他当时惊恐的第一个原因。第二个原因是，他不知道这到底是真的让他接，还是一种测试。

当年刘备死前，就跟诸葛亮说："我儿子看样子也不是很好，您聪明、能干，我又信任好兄弟，如果您觉得我儿子不行，你可随时取而代之。"

当时诸葛亮立马跪下说"我可不敢啊"，赶紧写了《出师表》和各种表忠心的东西，总而言之就只表示这不可能。因为有些时候，人性是很微妙的，他可能也有这样的担心。

第三个原因，就是如果周公旦真的表现出了对权力的强烈欲望，可能真的有人要剁了他，这个人就是周武王的王后，姜太公吕尚的女儿——屠夫之女邑姜。

她本来年纪就比周武王大，作为高龄产妇，在周武王死的时候才有一个两岁的儿子。你可以想象，在此之前会不会有其他的妃子生出儿子？这些儿子都去哪儿了？他们为什么没有继承王位？

王后生出来的这个孩子就是坐上了最后的班车，基于人性，即使为了姜太公的安全，邑姜也一定要保住姜太公的外孙将来能够继位，这些都是基本的揣测。

基于以上种种，再加上周公旦自己也了解自己的人格，他不是那种进攻型的人。所以周公旦当时"啪"的一下跪下来说："不行，我不能干这种事。"

而且周公旦还自己跑去占卜，向当时国家的主要辅政大臣，召公奭（shì）和毕公高提议，说应该为武王举行一场祭祀，请天界的周的先祖们施加福佑，延长武王的生命。

然后周公旦自己另外举行了一场祭祀，就是把自己当作祭品。他请代表召唤三位先王——亶父、季历和文王，让他们现身。

周公旦站在祭坛下，手持玉璧和玉圭，由史官宣读祝词说："诸位先王的元孙姬发现在病危，先王们在天界有保佑子孙的责任，现在请由我周公旦代替兄长姬发先进入天界。当我周公旦进入上帝的庭院之后，会帮助你们扶佑四方，永远安定周邦的子孙。"

然后他用了三只龟甲来占卜，每一次兆象都显示同样的结果：先王们同意了周公旦的恳请，说他可以代替兄长去死。但周公旦选择把这个结果秘而不宣，他只是说："既然是天意，那就等着天命的安排吧。"

结果武王死了，周公旦就成了摄政王。名义上是监管权力，等着哥哥的儿子成王长大之后就把这一切交给他，这是说给谁听的呢？说给临终前的周武王听，给召公听，给周武王的王后听，给姜尚听。

总之，周公旦有了他人生当中的一段七年左右的执政历史。在这七年间他做了一件非常重要的事情，他开始对《周易》进行重新注解。

今天的史学家们认为，《周易》的卦辞和爻辞是周文王撰写的，但后面的那些注解，像大象、小象等，就是周公旦组织大家以他的意见为主来进行重新注解的。

他为什么要重新注解《周易》？而在这个过程当中，他又如何对《周易》进行了"文化转基因"？我们理解了这一切重要的转变之后，才能够真正地读懂《周易》。

꠰ 梁 注 ꠰

- 在必须做的事情面前，在大的趋势面前，在无可奈何的时刻，不要占卜。

- 如果我们不能够真正理解《周易》在历史上的地位，以及在某些重大的时刻，人们是如何面对它的，那么就很难真正理解后来孔夫子说的"明知不可为而为之"的意义。

- 面临必须做的事情的时候，一秒钟都不应该去犹豫是往左还是往右，率道而行，往前走，在该死之前，你不会死。

15

周公旦的"文化转基因工程"

作为一个文明人，他尊重生命；

作为一个文明人，他享受同频的快乐；

作为一个文明人，他能够理解别人和自己不一样，

这是君子的基本要求。

为什么周公旦要在执政期间强力推行"德"的概念？

他所推崇的"德"的核心理念是什么？

周家王朝如何能够取得人间统治权的合法性，

人与天的关系如何转变成人与人的关系？

周公旦开启"文化转基因工程"

随着我们对周公旦故事的慢慢呈现，大家可能已经意识到，《周易》不是那么简单的、一蹴而就的东西。确切地说，周易有很多层内容，最开始是那些被称为"卦"的内容——共有八个卦，分别代表天、地、水、火等。

尽管我们之前说过，在周文王前的一两百年，就已经有人用六层数字来表示八卦了。但是，大部分的史学家都倾向于同意是周文王把八卦发展成了六十四卦。他对这六十四卦的每一卦进行了一段文字化的描述，还取了标题，又对每一爻进行了注解，描述了一些场景。于是，每一卦就形成了一个或有因果关系，或是平行关系的小小的故事章节。

有人问到底《周易》有多少爻，理论上来说，是三百八十六爻。但是我认为，乾卦和坤卦这两卦中的"用九"和"用六"，不能算真正的爻，否则的话，乾卦和坤卦不就是有七爻吗？这好像不太对。所以也有人说《周易》是三百八十四爻，也没错。这个学术上的争论，我也把不同的分歧呈现给大家。

周文王对每一卦、每一爻都写了一些卦辞和爻辞,用的都是极其生僻的字眼,绝大部分都让人看不懂,需要反复猜。有了甲骨文之后,我们才得以了解一些真相。

周公旦在哥哥周武王把主政的位置交给他以后,他知道自己终将有一天要把这个位置交回给周武王的儿子。于是在执政期间,他做了一件很重要的工作,就是在卦辞后面加上了更多注解。

在周文王的时代,他写了很多卦辞都与怎么做一个君王,怎么开疆拓土,怎么推翻殷商有关。

比如乾卦的卦辞是"元亨利贞"四个字。到底什么是"元亨利贞",这四个字是"元亨、利贞"还是"元、亨、利、贞"?有很多的不同的讨论。

但关于乾卦,我们耳熟能详的可能是另一句话:"天行健,君子以自强不息。"这句话出自《象传》。我和李硕老师都认为作者大概率是周公旦。

其实"元、亨、利、贞"是在说,这事开始的时候还很好,亨通有力,可以出去远行征战,这是一个事实描述。

而到了周公旦的《象传》,就对这样一个事实描述加入了某种人格化、品格化的教化功能。

首先,天是有德的,乾卦拥有像天一样的德性——自强不息。君子就应该去学习这种自强不息。

这里的"自强",并不是"我强",君子要学习的并不是"小我",而是那个"自","自"和"我"是两回事。我们常常听说"我执我慢""自在自由",这两个词中的"自"和"我"是不能互换的。

"自"是宇宙自然而然运转的方向和能力,它不起心、不动念,它先于天地之前就已经存在着,而且永远处在运动中。所以君子要做的事情就是毫不犹豫地去完成自我迭代和更新,一刻都不停止。

周公旦在对乾卦的注解里，用"天行健，君子以自强不息"完成了对父亲卦辞的进一步阐述。这个阐述完成了一件很重要的事情，就是把品格、德性装进了占卜的系统里。

这么做的原因就在于，当周打下殷商的时候，他们要解决一个很重要的问题，就是人对神的盲目信仰。

几百年来，无论是殷商还是殷商的这些诸侯国，还有这些子民，都已经彻头彻尾地接受了一件事情，那就是人必须侍奉上天，把自己的好东西全拿去侍奉，而最好的东西就是人，所以有些人甚至把自己的孩子拿去祭祀。

在这样一种根深蒂固的信仰下，人和神之间的关系是什么？人必须无限制地讨好神，而神是贪婪的、易怒的，如果人对神不好，神就会降祸于人。人完全以这种功利的心态看待他们心目当中的那个神，而这些神中有很多是殷商王朝的先祖。

虽然周取代了殷商，但是无论如何，周的行为有没有获得神的授权呢，又凭什么让大家相信？

周武王一辈子都没有解决这个问题，他甚至还在怀疑自己："凭什么是我？我配吗？我行吗？我做了这件事情会不会受到惩罚？我死后，会不会因为我做得不好，我和我的祖先们要在天庭上受到殷商的祖先们的打压？我们是不是还要过着被奴役的生活？"

要破解这个困局，反复说自己就是新的代理人，可能很难让人信服，因为你是在跟所有人的信仰对抗。周武王的方法是，沿用殷商的人祭制度，同时想办法用现实来向百姓证明，自己比商王对大家更好："虽然我是（上帝的）干儿子，商王是亲儿子，但是干儿子更有用。你看，我对你更好，我值得。"

但这种想法其实透露出了他内心的胆怯，那么武王之后摄政的周公旦，该如何破局？

一次世间博弈的设计

我们知道周公旦在很多年前，就一直在帮他的哥哥做心理辅导，鼓励他："你可以的，你符合历史的趋势，人民的需求。"

所谓历史趋势，就是《周易》卦象里所演变出来的含义：你可以按照某个趋势进行，你可以知位守位，知权达变，这是历史趋势，也契合了民心所向。

最后他把这两个趋势叠加在一起，得出结论：人民才是真正的核心。得人心者得天下，而不是"得祖宗心，得上帝心者得天下"，人民才是最重要的。

这样一个定义，才从概念上真正说通了周替代殷商的合法性。周是因为发现了商纣王对人民不好，所以可以取代他。上苍也会支持那些帮助普通老百姓活得更好的人成为天子，成为世界的领导者。

这是一个非常重要的逻辑转变，在概念上置换了人与天的关系，将之变成人与人的关系，而且完成了一次世间博弈的设计。

所谓世间博弈的设计，就是要达到人与人的平衡，大家必须遵守一些新的契约关系。以前的契约关系是人与上苍订的契约，我们姑且称之为中国古代版的"旧约"，现在周公旦就是在做一次"新约"，就是德性。

那些符合天道，符合广大人民利益诉求的人，甚至那些让自己的工作安排、农事安排符合节气变化，让自己每一天的穿着、言谈、行为甚至饮食都符合天道的人，他们是人间的代理者。

比如农事，要符合春、夏、秋、冬，乃至每个节气的变化；言谈、行为、音乐、饮食都符合天道的次第顺序。所以《礼记》规定了春天穿什么衣服，夏天穿什么衣服，春天吃什么，夏天吃什么，什么时候结婚，结婚怎么样做，结婚的顺序是什么，小孩怎么生、怎么起名字……生活的架构全部都在这个体系里：用一些符合天道周期的事去规定人们的行为。

德性：基于人间关系的新算法

周公旦推行了一套真正的基于人间关系的算法，这套算法统称为"德"，就是德性的意思，它的核心有三条。

第一，尊重生命的重要性；第二，要保持某种程度上的宽容与等待，并且坚持；第三，要像宇宙那样永远不停地去创造、去拓展。

这为后世儒家文化里的不少观念打下了基础，比如不断地强调一个人要爱学习，要有"人不知而不愠"的宽容，以及人要会快乐。

人和人之间要达成一致，是基于共同的快乐和悲伤，所以孔子说："有朋自远方来，不亦乐乎。"这种共同的情感体验构成了人与人之间非常重要的情感纽带。

当年周公旦做的事情，就是他相信礼教乐教，用快乐的音乐为世界"调频"，用符合天道周期的事情去规定人们的行为，而那些真正了解这些周期的人就被称为"君子"，他们成了各级人间代理人。

他如何完成这一刃？因为那时候算卦是人们的刚需，他父亲又是超级IP，所以最重要的事情就是为《周易》这本算卦很准的"神书"，加上自己的注解。

这样一种"理想国"的描述，其实是周公旦这么多年来，目睹了大量的人被残害，感到痛苦进而生发的怜悯，他希望他能够开创一个新的文明。

事实上，我们每一个人都要感谢周公旦，因为是他推动华夏文明从野蛮的、以人祭为特征的、只讲究胜负的思想，提升到了文明人的思想。**作为一个文明人，他尊重生命；作为一个文明人，他享受同频的快乐；作为一个文明人，他能够理解别人和自己不一样，这是君子的基本要求。**

后来孔夫子之所以如此崇拜周公旦，我相信也是因为他理解了这个背景。周公旦用了不到七年的时间，在没有互联网、没有电话、没有任何现代管理工具的情况下完成了这一切工作，你是不是也觉得他很伟大？

本来《周易》基于天文历法，其中有着"**在天成象，在地成形，变化见矣**"的描述，甚至有很多学者认为《周易》是一个历法日记。在周公旦的努力下，它变成了一本具有思想深度，具有人文情怀的书，而且周公旦新增的这些内容完美地嫁接在了卦辞之后。

今天的人们在阅读着《周易》，把它当作一个占卜书读的时候，也在有意无意地，把"**天行健，君子以自强不息；地势坤，君子以厚德载物**"的人格融入自己对命运、对天道轮回、对世界发展的理解。

在读完这部分之后，大家就会慢慢理解《周易》为什么有用。因为《周易》所讲述的这套逻辑和中国社会两三千年的时间里大部分人遵循的逻辑是一致的。

因此当你在算卦的时候，你在理解这个逻辑的时候，可以把这个逻辑应用到你的现实生活中。如果大家都遵循同样的逻辑，你做的事情自然而然就合乎这个逻辑算法的规则，这个结果也几乎是可以预期的。

我认为，《周易》之所以成为一个大IP，是因为**《周易》其实是一个一直在生长和进化的生命**。它是在周文王、周公旦、孔夫子、邵康节、荣格，以及后世很多人的努力，不断丰富的生命体。

〓 梁 注 〓

- 周公旦通过对《周易》卦辞的注解，把品格、德性装进了占卜的系统里。

- 所谓世间博弈的设计，就是要达到人与人的平衡，大家必须遵守一些新的契约关系。

- 《周易》之所以有用，是因为《周易》所讲述的这套逻辑和中国社会两三千年的时间里大部分人遵循的逻辑是一致的。

16

周公旦的理想国

若干年之后，人们在每一次占卜过程中，
都在接受一次暗示、一次力透几千年的催眠，
你必须让自己的心量与苍天大地同频。

为什么我们要分清卦辞和象辞？

周公旦为什么要重新编撰周文王的文本？

他为《周易》注入了什么样的灵魂？

人和天地之间建立了什么样的共生关系？

周朝如何实现可持续发展

在我看来，《周易》到周公旦这里，出现了一个非常重要的变化，就是他在把《周易》德性化。

周公旦作为周武王的弟弟，在周武王驾崩前，被赋予国家总管的责任。不管他是否愿意接受这份使命，这个角色都只能是他。因为当年周武王的儿子，也就是未来的成王才几岁，周公旦需要作为代理人、摄政王做好过渡。

他是真的想过渡还是后来被迫的呢？很难说。我们也并不是说他可能贪恋权位，而是说也许他有一套政治理想和文化理想，需要去实践。

总之历史只给了他十年不到的时间。在这段时间里，周公旦做了很多事，比如把礼乐制度引入管理体系。这很容易理解，一家公司创业的时候都是求生存的，什么招数都用。而当真的开始积累了一定财富以后，管理者总是希望让这个公司有一个比较明确的战略目标，有一个核心价值观。

我曾经在互联网公司参与过一段时间的文化建设，深知文化不是写在墙上的标语，而是要跟许许多多东西配套在一起，最终变成整个集体自然内化的"无意识"行为。

我在中欧商学院读书的时候，有一个老师叫忻榕，她曾经是《哈佛商业评论》的主编。她在讲授企业文化这个模块时说："文化是什么？文化是真相乍现的时刻（the moment of truth），是人们无意识的言行举止所反映出来的。"而往往一个组织、一个团体的文化，最终会构成这个组织可持续发展的核心竞争力。

我相信周公旦在那时也会这么想，他作为一个操盘手，要解决一个问题：如何让周获得真正意义上的可持续发展？

他面前摆着两个难题：第一，周取代殷商之后，如何证明它的政权合法性；第二，殷商人、周人，以及很多分散的部落随时都可能造反。如何让人们团结在一起？如何才能做到同心同德？

所以周公旦一方面进行组织架构调整，比如推行分封制，另一方面，他开始编撰类似《礼记》这样的书，以及《诗经》的早期版本，来构建一个礼乐之国。

简单来说，"礼"讲的是尊卑，"乐"讲的是和谐。"礼"讲的是"尊尊"，"乐"讲的是"亲亲"，尊重该尊重的人，亲爱值得亲爱的人，就是尊尊亲亲。

这样一个社会既有次第，又让大家都有上升的空间，同时因为大家有了共同的价值观，彼此能够同频，社会也就有了稳定性。

周公旦发现了一件事情，就是之前夏和殷商的统治更多是依赖宗教理由，通过祭祀来完成。那个时候，人们心中的上帝和神是一个暴戾的，甚至会妒忌、嫉恨、怀疑、睚眦必报的形象。其实古希腊神话里的神也都是那样的。

但中国人的神已经慢慢发生了变化，神不是妖魔鬼怪，但凡是神都很宽容。这是怎么发生的呢? 其实这是一个把神人格化的过程。

周公旦经过思考和筛选,发现有一件事情他必须要做,那就是改造《周易》。《周易》是他父亲周文王一生的研究心血,所有人都知道他父亲是一个算命高手、占卜高手,而且通过占卜,他对天道、地道、人道都非常了解。

周公旦对《周易》这个IP做了一个很重要的重新解释,就是上苍不是直接管理人民的,虽然他不会管我们吃喝拉撒,但是他会通过制度规范我们,这个制度的第一解释人,就是他父亲周文王。这也是周的政权合法性的来源,因为他们拥有了司法解释权。

周公旦重新注解《周易》

《周易》每一个卦都由六层线组成,每一层称作一爻。一根长线,称作阳爻,两根短横线,称为阴爻。每一爻都有一个爻辞,这六层加在一起,有一段整体总结,叫卦辞。

我们可以这样想象,《周易》就像一个小区,有六十四栋别墅,相当于六十四卦。每一栋楼都有一个名字,就是卦的名字。关于这一卦还有一段说法,叫卦辞。

每栋别墅有地上三层和地下三层,就是六爻。不过有些层数是一个大空间,有些层数中间隔了一堵墙,这就是六爻中的阳爻和阴爻。每一栋楼里的每一层楼都还有一段描述,就叫爻辞。

我们之前也讲过,周文王写的很多卦辞,都是他自己怎么做一个君王,怎么开疆拓土,怎么推翻殷商,比如卦辞中的"利西南, 不利东北。利见大人，贞吉"，就是在讲述如何集结和团结西南部少数民族攻打东北方殷商的故事。

周公旦后来又给每一卦加了一段注解，叫作"象"。大部分的史学家和考古学家都认为，象辞是周公旦以及他的助手们一起写的，当然也有可能经过了若干代的不断优化。

如今大部分解卦的人都会用象辞来解，比如蹇卦说："君子以反身修德。"这一卦上面是水，下面是山，水山叠在一起叫"蹇"。君子以反身修德，就是说当一个人面临种种困难的时候，他要做的第一件事情就是反观内视，看看自己有什么做得不好的地方，来修正自己的行为，如此，方能逢凶化吉。

通过对比文王和周公旦的版本，我们能更清楚地看出周公旦所做的改变。

比如蒙卦中说："亨。匪我求童蒙，童蒙求我。初筮告，再三渎，渎则不告，利贞。"大意就是，一个懵懵懂懂的小孩来问我问题。我帮他占卜了三次，他都不相信，那就算了，我也不告诉他有什么事。

这个是周文王的版本，全部都是写实主义，甚至有人说这个"童"就是商纣王的儿子，来找他算卦。当然，后来也有人透过甲骨文的再解读，认为童蒙可能象征浓雾，那又是另一个故事。

但是到了周公旦那里，象辞中说的就是"君子以果行育德"。就是你要为自己的行为负责，你要培育自己的德性。德性就像生命一样，你要孕育和修炼它。

彼得·圣吉（Peter Senge）写过一本书叫《第五项修炼》，他提出一个观点："一个组织的企业文化和核心竞争力是需要修炼的。"后来这本书被翻译为《学习型组织》，讲的就是"育德"。

再比如升卦。周文王的版本是："元亨，用见大人；勿恤，南征，吉。"这段话描述的全是战争叙事和蓝图：这个事情很好，可以碰见那些比较厉害的人物，甚至可能是王。不用担心流血，可以往南边打，大吉。

结果到了周公旦的版本，也是象辞里，说的是："君子以顺德，积小以高大。""顺德"这个地名可能就来自这句话，你看，周公旦又"跟帖"对卦象进行了道德化的描述。

我举这几个例子是想说明，周公旦做了一件很重要的事情，就是把人与天的情怀进一步关联了，变成人与人之间的关系。

某种程度上，他提出了他的理想国的理想人格——"君子"。这些君子摆脱了低级趣味、摆脱了野蛮行为，他们"象天法地"，如宇宙般自强不息，像大地那样厚德载物。这些都不是周文王写的，都是周公旦他们后来写的。

而且很有意思的是，他为一个人和无情的天地之间架起了意识的桥梁。仿佛借由这些话，若干年之后，人们在每一次占卜过程中，都在接受一次暗示、一次力透几千年的催眠。心量无垠，与天地同频。

为什么北大哲学系的那些老师往往很长寿？因为他们心里装的都是苍天大地，那都是很长久的东西。如果你每天看的都是短视频，满眼都是三秒钟就结束的故事，你觉得你的生命会很长吗？你会对自己的生命产生一种宏大的意义感吗？你会对你的每个细胞充满暗示地说"我要德配天地，我与宇宙同在"吗？

如果你做不到，周公旦说，你天天读《周易》就可以做到。这是一件非常有趣的事情，因为周公旦跟我们一起完成了一个把人与宇宙连接的过程。宇宙变成了像人一样有人格的存在，而人又像宇宙一样，拥有了超越动物性的宽广境界。

可以说，这一次"文化转基因"是中国历史上最重要的一个事件。它奠定了一件事情，就是华夏文明实现了从疯狂的宗教崇拜、漠视人性，转向了以人为本，借由共同的价值观，来构成命运共同体的转变。

当我读到这里的时候，我很感动。我觉得中国人在三千多年前就早已拥有了一种人本主义思想。在那个没有电视、互联网、手机的时代，居然有那么几个人，通过他们的想象，为整个中华世界注入了一种极其强大的生命血脉，我们称之为"法脉"：为天地立心，为生民立命，为往圣继绝学，为万世开太平。

周公旦交权让位

学习《周易》的过程，也是我重新认识中国文化原点和内核的过程。如果不是这个学习过程，我想我可能一直还活在某种对《周易》单纯的迷信中。

我现在反而能从另外一个层面上，了解《周易》为什么有用。以前常常听一些老人家说，他们这一辈子钻研《周易》，从卦辞、象辞、爻辞、彖辞等这些注解里捕捉到了一种隐秘的精神。以前我不懂，现在才发现，原来真的是如此。

周公旦为整个华夏民族构建了一套使命、愿景和价值观。他的愿景是构建一个大同世界，每个人都可以成就自己，实现彼此之间的合作。每个人都像一台本地运算的计算机，可以把自己行为上传到整个"和合"的体系中，各安其命，各尽其能。

他的价值观就是这一套被称为"德"的体系。这个"德"的体系具体是什么？以前我们总感觉它像道德说教。但当你看到周公旦和周成王在交接权力时说的话，你会突然觉得这个老先生实在是太可爱了。

有传闻说，随着成王长大，有段时间他挺烦这个叔叔的。一个年轻人刚刚对权力有一点点感觉，这个时候总有一个人告诉他："你要收敛自己，你不可以释放自己，你不可以看谁不顺眼就拿刀去砍，你不能觉得这个女孩不错就拿下，那是不符合德的。"如果你是这个年轻人，你也烦，对不对？

就像我跟我儿子聊天的时候说："你得收敛，不能天天玩手机、看电视。虽然我也知道，我们年轻的时候也跟你差不多，但是时间宝贵，你要从现在开始积累你内在的品性和资质，因为将来终有一天你要承担伟大的使命。"

父母、长辈对孩子说教的时候，孩子很容易会有逆反心理，父母都会忧心忡忡。

在那个时候，周公旦是一个有权力，但是又知道必将要把权力让渡给侄儿的角色，成王则是正在成长，天天想踢开这个叔叔，自己大展拳脚的阶段，双方必定会有很多的不愉快。

而且各方势力都在看着，手握国家兵权的姜太公，历史上一直辅佐周家王朝的"大内总管"召公等人，都不希望周公旦一家独大，都希望让这个年轻人掌权。

在周公旦的思想里，他于公于私，于自己的政治理想，于自己身家性命的安全，他都一定要把自己这个摄政王的职权还给他的侄儿，也就是成王。

王以小民，受天永命

当时成王十三四岁，已经到了可以亲政的年龄。移交权力之前，周公旦和召公一起，与成王做了关于王朝兴衰的讨论和说教。这一次不同以往，两个人的论述里都增加了一个"小民"的概念。

"小民"指的是构成王朝主体的普罗大众，包括一般的农民、贵族封邑里的农奴。按照周公旦和召公新发展出来的理论，一个王应当花很大的力气去关注最基层人民的生活，倾听大多数人民的声音，不要让王公贵族虐待和过度剥削他们。"小民"才是王永远获得上天眷顾的基础。

原话出现在《尚书·召诰》里："欲王以小民受天永命。"看似王高高在上，小民低低在下，但是这些你看不起的数量很大的民众，才是你执政合法性的来源。

这一理念在当时如同一道惊雷，因为它把执政合法性的来源，从上天转移到了人民。

如果用我们现在的商业逻辑来理解，可以说"商业模式"由此发生了重大的改变。

有一天我跟腾讯的一位副总裁聊天，我问他："腾讯的2B和阿里的2B有什么不一样？有人说阿里是B2B（Business-to-Business），腾讯是B2C2B（Business-to-Consumer-to-Business），这有什么区别？"他说："阿里是直接派很能干的人去搞定大集团、大客户。但是腾讯不是，腾讯是用它的商业模式构建更多的消费者，然后和消费者一起去反向找供应商。每个行业都可以用B2C2B的模式。"

总之，在那个时代，如果一个国家就是一家公司的话，周公旦和召公，他们都在给年轻的成王说："记住了，记住了啊，我们之所以能够以小胜大，能够推翻殷商的统治，全部都是因为殷商对人民太残暴了，所以人民最后分裂了。不要对他们太恶劣，不要用恐惧来威慑他们，要让他们能够活下去。要把人当人看，不要随便用杀人的方式来搞祭祀了。"

这个理念出现在三千多年前，如果我们今天将之稍作引申，可以说，周朝已经提出了一种对普通百姓集体意识的尊重。这种尊重逐渐取代了以前喜怒无常的上帝，这个以人民汇聚出来的集体人格，叫作"天"，或者说"众人即天"。

这其实是一个非常重要的社会共识的心理学现象。当一个社会在某件事上达成共识的时候，它就形成了一种奇怪的力量。

所以今天我们再来看世界上的很多问题，你不再看个人，而要看共识，大部分人是怎么想的，或者主流思想是什么，事情会朝主流认定的方向走。而一个伟大的领导者就是对社会共识的凝聚，所以"君子正位凝命"是周家王朝历代天子的核心观念。

构建一个在人间的相对和谐的社会，要尊重不同，即"君子和而不同"。用今天的话来说，就是底层人民和中产阶级、中产阶级和上层贵族之间在博弈，贵族和贵族之间在博弈，人民和人民之间也在博弈，在博弈之中达到一种新的平衡。

后来有一个叫约翰·纳什（John Nash）的数学家提出了纳什均衡理论，他在1994年拿到了诺贝尔经济学奖。一个数学家能够拿经济学奖，是因为他用数学模型的方式，推演出了均衡和博弈论在社会管理中的真正价值。就这点而言，这种思想在周公旦那个时候便已经开始萌芽，并且有清晰的表达。

从此之后，中国人对社会交往、人情世故非常敏感。因此，中国的社交软件向来是做得很好的。不过它可能有一个副作用：既然人可以透过自我内在的品格、修养达到参天贰地的地步,那我们还需要科技吗?我们还需要努力吗?我们还需要去探索那些我们看不见的东西吗?我们是不是往内求就够了?

在读儒家经典的时候,我隐隐觉得,儒家文化是不是对科学技术的发展有一定的制约?幸好,**儒家文化特别提倡变革与创新,这是《周易》的核心精神。**

《周易》思想认为,世界不会是永远停滞的,你想停也停不下来。就像对待爱情,你想天长地久,和对方永远牵着手一起吃甜筒、吃烧鹅,但那是不可能的。即使你不烦他,他也会烦你。所以爱的时候就好好爱,不爱的时候就不要爱,不要拖泥带水。

创新与变革也是儒家文化的一个特征,也许正是这个原因,促使后来的新儒家在面对科技的时候,一部分人借由《周易》里的拥抱变化、勇于创新的精神,开始和现代的科技文明进行对接。在民国的时候,很多以科学来报效祖国的人,他们的底色都是儒家的精神。

我越学《周易》,越觉得自己无知,越觉得历史浩瀚伟大,谁说的都是对的,又不完全对,每种说法都值得仔细品味。

这时就自然而然地产生了一种中道之心,不是特别高兴,不是特别沮丧,不是特别愤怒,不是特别悲哀。

▦ 梁　注 ▦

- 周公旦为整个华夏民族构建了一套使命、愿景和价值观。他的愿景是构建一个大同世界，每个人都可以成就自己，实现彼此之间的合作。每个人都像一台本地运算的计算机，可以把自己行为上传到整个"和合"的体系中，各安其命，各尽其能。

- 一个伟大的领导者就是对社会共识的凝聚，所以"君子正位凝命"是周家王朝历代天子的核心观念。

- 儒家文化特别提倡变革与创新，这是《周易》的核心精神。

17

孔夫子晚年读《周易》

《周易》本身就是一个生命体，它自己会生长。
而历朝历代的人们在为它做注解、做分享、做传播的时候，
就是在拿自己的精气神、血脉、经脉去供养这个体系。

为什么孔夫子年轻的时候很少算卦，在《论语》里也极少提及占卜，

他后来又说《周易》是群经之首，

甚至看《周易》看到牛皮断了三次？

这中间到底发生了什么？感受到了什么？

原来此处还有玄机

周公旦将他的思想注入了中国的集体人格意识中，周王朝也在这样的过程中，带着泥沙，带着时间的光芒，来到了孔夫子出生的时代。

毫无疑问，孔夫子是中国最有影响力的人，乃至是地球上最有影响力的人之一。孔夫子用短暂的七十多年时间，系统地梳理和编撰了他之前的中国文化，并且将其思想运用到了他的政治实践中。

孔夫子一生都说他的人生偶像，做梦都会梦到的人，就是周公。后来我也发现，孔夫子许多的政治理想都是借由他对周公的学习而来的。

不过对于《周易》内容的创作者是周公旦、周文王还是孔夫子这一问题，历史学者的看法略有分歧。

一种观点认为，是周公旦和他那个时代的幕僚们一起共同创作了《周易·象传》。

后世也有很多人认为，孔子晚年的时候作了《周易》的《十翼》，包括《象传》（上、下）、《象传》（上、下）、《文言传》、《系辞传》（上、下）、《说

卦传》、《序卦传》、《杂卦传》，总共有十篇，故作《十翼》。

后来我觉得有这样一种观点可能更符合历史，那就是这些作品并不是某一个人作的。就像知乎一样，你写下了对某个问题的答案，同时你会看到一群知识分子不断跟帖，若干年之后再编纂，去芜存菁，达成共识。

《周易》本身就是一个生命体，它自己会生长。而历朝历代的人们在为它做注解、做分享、做传播的时候，就是在拿自己的精气神、血脉、经脉去供养这个体系。

时间长了，所有创作这些内容的人，就成了这个内容的"食物"或者"祭品"。

年轻的时候，孔夫子对《周易》似乎并不是很感兴趣，他几乎从来不关注算命的问题，很少对《周易》发表评论，也很少给自己或者别人占卜命运。

然而，当他周游列国回来，晚年自己在家里读书的时候，却突然对《周易》产生了兴趣。

《论语》里说："子曰：'加我数年，五十以学易，可以无大过矣。'"大家对这一段的理解不同，有人解读成"如果能够多给我几年，比如五年或者十年用来学习《周易》，我就不会犯大错误了"。也有人说是"我从五十岁开始学习《周易》，就不会犯大错误了"。

中国文化很有意思。它的缺点在于有些时候文意不明确，优点是具有开放性，给后世的"评论员"留下了巨大的发挥空间。

不管如何，孔夫子在了解了殷商的历史，又积累了政治和生活上的体验后，突然发现《周易》是如此有魅力。他在晚年的时候，频繁阅读《周易》，以至于竹简的皮条都断裂了，史称"韦编三绝"，这个故事也被记录在《史记·孔子世家》里。

历史深处都是常识

我有一个问题：为什么年轻的时候，孔子几乎不算卦，也并不宣扬算卦这件事情呢？

我想有两个原因：第一，他自己算得不准，所以没什么成就感。第二，他年轻时认为《周易》的本质根本就不是算卦，而是借着算卦的名义讲道理的说法。这些道理即使不在《周易》里，在其他地方也有，所以他就把它搁置了。

后来到晚年的时候，孔子可能真正读懂了周公的用心，再去看《周易》，才发现"原来此处还有玄机"。后来他借由《周易》里阴阳的思想，发展出了所谓的中道思想，也称为"中庸"。

所以在孔夫子的世界里，他说《周易》"居则观其象而玩其辞，动则观其变而玩其占，是以自天佑之，吉无不利"。

意思是说，学《周易》不是用来卜卦算命的。"观其象"就是看看我们的人生，看看今天的天象，看看这个地方的风土人情、地形地貌，这都是"象"。看见这些"象"以后，我们再来对照《易经》里的文辞，慢慢琢磨，用自己的意识连接天文、地理、人生，从而形成一种内化的天人合一的能力。

这话听起来好像很老套，哪个人解说中国文化时不是这样说呢？

结合这几年学习心理学、催眠技术，以及在互联网公司工作的经验，我发现并不是现代社会出现物联网之后，万事万物才连在一起的。

我们现在说的"物联网"，就是人工智能技术和互联网的普遍应用，让所有的物件都彼此连在一起了。摄像头、冰箱、车，甚至我们的脑波都可以被连在一个体系上。

这个时候你会发现，如果万事万物可以通过某种信息交换实现交流的

话，那万事万物都是活的。

如果回到孔夫子老年的时候，他会不会有一天突然意识到，天底下的万事万物——一块石头、皓月星辰、奔流的大河、山谷里的风，可能都有一种隐秘的信息交换方式。

如果一个人长期对自己进行训练，他是否能听得见山的语言，听得懂星空的语言呢？这个语言可能是超文本的，它可能是一段频率，可能带有某种情绪。

这件事情，如果放在若干年前讲，很容易被人认为神经兮兮的。但是今天我们把这些逻辑跟很多程序员讲、跟做催眠的朋友讲、跟很多有过不同体验的人讲的时候，大家就突然意识到好像确实如此。

以前我跟徐文兵老师聊到《黄帝内经》，我认为徐老师讲的所有东西都是在讲一个字**"感"，就是以人感天地，以人感人。**

中医在为病人诊疗时讲究望闻问切。其实这个"望"就跟观自在菩萨的"观"一样，不是简单地用眼睛看。真正的看见是你看到，并且和心里的某一个象应和之后，产生了某一种"感"。如果你内在没有象，你就看什么都看不见，这叫作"无缘对面不相逢"。

有些厉害的人，从一个细节里就能够看到很多丰富的信息，这种人玩"狼人杀"游戏都不需要搞复杂的推演。

有一段时间，我对自己做了这样的训练之后，第一次玩"狼人杀"，牌刚发下来，我看一遍周围人就说："你们三个人肯定是狼。"结果第一次我就被"杀"了，因为我说得太准了。

他们问我："为什么？"我说："其实当你足够安静、足够专注的时候，你是可以观得见、感得到的。"

很可能孔夫子晚年读《周易》的时候，除理解了周公旦的政治理想和思想外，他还隐约地感到了他以前占卦不准的原因——他太注重技术了。

占卜不仅仅是技术，更是心流。你懂了人情世故，有了对这个世界的看法，你对世界的判断、预测就会越来越准。以前你看不见的东西，就可以看见了。

我再举一个例子：有经验的警察从人群中走过，可能只是擦身而过，就能迅速知道谁是小偷。

这说明一个道理，就是人经过长期的训练和内在的揣摩之后，会形成一种特别隐秘的知识。

所以只有在心里有这个象，才能够看见外在的象。一个从来没有见过苹果手机的人，当你跟他说"苹果"的时候，他一定会拿一个苹果给你。而一个天天用苹果手机的人，你说把"苹果"拿过来的时候，他会把手机拿给你。

所以孔子"居则观其象而玩其辞"也是在做"心灵广播体操"，他在做一套练习——我待在那儿的时候，就看外面有什么人来，有什么风吹过，今天的月光怎么样，今天颜回、子贡脸上是什么表情……这叫"象"。然后对照《周易》里的文辞去揣摩，看看这中间发生了什么。

后半句"动则观其变而玩其占"，就是说当出现变化时，你就要观这个变化到底是什么。把玩占卜，然后看占卜出的事件或者卜辞，跟看到的变化之间有什么关系。

现在大家学习《周易》其实很容易，你只要打开一个App，输入几个数字，是很容易得出一段文辞的。App算命和现实中的算卦有什么区别呢？差别在于那个算卦的人。那个算卦的人把自己所有内在对世界的完整印象，幻化成文辞，来与你诉说他对这件事情的判断。

所以我们说历史的深处都是常识，是人性。破除迷信，我们终归要回归

德性。回归德性的意思是，你的德性和集体人格的德性越贴近，你就越了解那个大的画面。你能不能看到那个大"象"？

≡ 梁 注 ≡

- 《周易》本身就是一个生命体，它自己会生长。而历朝历代的人们在为它做注解、做分享、做传播的时候，就是在拿自己的精气神、血脉、经脉去供养这个体系。

- 真正的看见是你看到，并且和心里的某一个象应和之后，产生了某一种"感"。如果你内在没有象，你就看什么都看不见，这叫作"无缘对面不相逢"。

- 你懂了人情世故，有了对这个世界的看法，你对世界的判断、预测就会越来越准。以前你看不见的东西，就可以看见了。

- 历史的深处都是常识，破除迷信，回归德性。

18

《中庸》得《周易》之根本精要

易就是变化，以不变的游戏规则，
在变化中追求平衡态，而中间还包含着某种周期性，
这就是《周易》的原本精神。

为什么一切的不和谐背后都是不智慧的结果？

为什么说《中庸》尽得《周易》的精髓，

"中"如果不是中间的"中"，还有什么其他含义？

孔夫子到底给自己的亲孙子传授了何种真正的心法？

《中庸》是一本什么书

孔夫子到了晚年的时候，开始认认真真地研究《周易》，并且把他的心法传给了最亲密的弟子。他有个学生叫曾参，也叫曾子，就是参与编纂《论语》的曾子。曾子还有一个学生，是孔夫子的孙子，叫子思。

大部分学者认为，子思人生中最重要的代表作是《中庸》。我在年轻的时候，对《中庸》很不以为意，觉得《中庸》就是用来教化老百姓的"四书五经"之一，充斥着道德的说教。

后来有了孩子之后我才意识到，其实一个人最重要的真传，往往是在晚年更明白事理的时候，告诉自己最亲近的人的道理。从这个意义上看，子思应该是得到了孔夫子人生最高境界的真传，只是《中庸》后来被收录到了《礼记》中，而《礼记》是很多年来不同组织流程、规范、要求的合集本。

怎么理解中国古代的"礼"？你可以将其理解为流程、系统、结构等这些东西的"和合"。在周公旦那个年代，他天天想的就是，如何完成国家的顶层架构设计、顶层的流程、顶层价值观的梳理。

　　身处现代社会的每一个人，尤其是企业家，都可以思考一下：在没有互联网，没有监听设备，没有一切集权手段的情况下，周公旦如何能够把一个国家以他的方式平衡得那么好？他所设计的那套架构让周朝历经风雨，仍存在了将近八百年。

　　这也是孔夫子后来一直在想的问题，他把这些问题传给了他的孩子，包括他的孙子子思。

　　民国时期，北大有位非常了不起的教授熊十力，他说"《中庸》得《周易》之根本精要"[1]。这句话引发了我强烈的好奇心，到底《中庸》是如何得《周易》之气的呢？后来我认真推演了一下发现，其中真的很有意思。

《中庸》如何得易之气

　　"中"是什么意思？以我的理解，综合参照各家各派，"中"在某种程度上，是指一种平衡态。什么叫"平衡态"？"平衡态"来自博弈论，其实博弈论不光是经济学理论，也是社会学以及各方面的"天道"。

　　曾经有一个朋友告诉我，他们大学里的一位教授讲"什么是博弈论"时，就举了一个例子。

　　他说，某家有两个孩子，爸爸拿回来了一个蛋糕，怎么能分得既合理又和谐呢？因为两个孩子肯定都想吃更多的蛋糕。那么最好的方法就是由哥哥来切，弟弟来分。两个孩子都参与，才能平衡。

　　事物达到一种真正有智慧的平衡之后，自然就能和谐。一切不和谐都是

1　原文：《中庸》本演《易》之书。（《熊十力全集》）

因为某些地方出现了偏差, 这叫作"不患寡而患不均"[1]。

因此, 我们在读古代这些书的时候, 应该很清楚地了解到, 这些书背后有一脉相承的逻辑。理解这个逻辑之后, 我们看待很多问题时就能看得比较清楚, 这就叫"中"。

《中庸》里讲"致中和", 就是天地之间, 总有力量在博弈。我们假设这个力量是二元对立的, 就是一个阴一个阳, 阴阳博弈之下, 最终要达到的效果就是"中"。

所以《中庸》的"中"就是这样的一个平衡态的"中"。有人说佛家的"空", 道家的"无", 其实和"中"很相似, 都是达到平衡态之后不彰显的状态, 这叫作"道可道非常道, 名可名非常名"。当一个事物处在一种平衡态的时候, 反而不能得到彰显。

"中医"二字, 说的不是中国的医学, 而是得中气精神的医学。没有表现为冷, 也没有表现为燥热; 没有表现为痒, 也没有表现为痛; 没有表现为睡不着觉, 也没有表现为早醒。一切好像什么都没表现, 这就叫作"健康"。

中医做的事情, 就是运用社会学、心理学、物理学、化学以及其他的学问, 让一个人处在动态平衡中。

庄子讲《齐物论》, "齐"不是"整"。"整"是一样, 而"齐"是相互契合, 彼此之间咬合得很好。齐物, 也叫"契物", 即契合的"契"。区块链也是这样的逻辑, 分布式账本让所有的记账都处在一个相互咬合的状态, 这叫"契"或"齐"。它其实也是"中", 最后表现为没有中间点, 所以中是去中心化的。

在汉字里, 中心的"中"和去中心化的中庸的"中", 是一个字, 但代表

---

1 出自《论语·季氏》第十六则。——编者注

着不同的含义，就像"向往"既代表对过去的缅怀，又代表对未来的追求一样。

熊十力先生说，《中庸》完全是《周易》精神的体现，"中"体现的是阴阳和合之后的博弈平衡态。

在这种平衡态里，世界可以持续发展。一旦不平衡了，自然会有偏移，偏移就会打闹，打闹之后就会出现各种矛盾、冲突与痛苦。最后，经过一段时间的冲突之后，有些地方被削弱，有些地方得到增强，于是重新形成新的平台，世界再次朝前发展，我们称之为"一炁（qì）周流，品物流行[1]"。也就是说，宇宙的根本能量"炁"在周围循环流动，可以通过修炼去体验和领悟这种能量，这就是"中"。

因为有了"易"的精神，所以相对应就有了"中"的概念。易就是变化，以不变的游戏规则在变化中追求平衡态，而且中间还包含着某种周期性，这就是《周易》的原本精神。

《中庸》的"中"大致也是对这种精神作出回应的。那么"庸"是什么？根据1983年版《词源》的解释，"不偏叫中，不变叫庸"。

所以《中庸》包含两个含义：在博弈的过程中达到平衡，不偏不倚的状态是"中"。在这个过程当中，可持续发展，持续很长时间不变，是为"庸"。

《道德经》一直在讲"道德"，什么叫"道德"？一个词总结，那就是"可持续发展"。吴伯凡先生说："一切不可持续的东西都是不道德的。"所以判断道德的一个很好的标准就是：能否可持续发展。

一个人一定是做错了什么，所以事情才不能够一直做下去。一个国家一定是做错了什么，这个国家才立不住。

---

1   出自《易经·彖传》："云行雨施，品物流形。"

如果一件事、一个人能够持续很长时间地发展，那说明其中一定做对了什么。这可能和人世间的是非对错不太相关，但放在更宏观、更长时间、更大尺度的范围内，可持续的东西自然有它的道德性所在。

天命之谓性

中庸里有很多字句和《周易》遥相呼应。

比如，既济卦的《象传》中说"水在火上，既济，君子以思患而豫防之"。《中庸》就缩写成"凡事预则立，不预则废"。

还有，鼎卦说"木上有火，鼎，君子以正位凝命"。《中庸》说"苟无其位，亦不敢做礼乐焉"，也是讲正位凝命的事情。

再比如，无妄卦的《象传》里说"天下雷行，物与无妄，先王以茂对，时育万物"。《中庸》里则说"万物并育而不相害"。讲的就是大自然有一种神奇的魔力，它会自我平衡。

就像我们都听过的狼与羊群的寓言：牧民为了保护羊，打死了狼，没承想羊群短时间疯狂繁殖，又导致了草原的贫瘠，进而不利于羊群的生存。

看起来狼是有害的，但那是站在很短的、很小的范围去看问题。只有放在一个大的范畴之内，你才会发现原来狼是天道的一部分。

在现实生活中，如果有一个人让你很生气，比如说你的老公或老婆总是折腾你，你也不断地抱怨，想远离他/她，但后来在一起的时间久了，你终于明白，那些折腾你的人，在你的人生中自有用处。

有个朋友跟我说，非常不喜欢当前的工作，但他特别不喜欢的这份工作给他带来了很多很重要的朋友。所以好和坏要放在一个更大的层面来讲，这叫"万物并育"。

于是无妄卦里说，世间万物相互滋养，你觉得害你的东西，那些你讨厌的、残缺的东西，也是有价值的，这叫"无妄"。

所以《中庸》才说："天命之谓性，率性之谓道，修道之谓教。"

什么叫作"天命之谓性"？你像一个旁观者一样看到了这六十四卦——六十四卦代表了天地、水、火等万事万物，它们相互组合，就演变出了无数的状态。

当然这是一种比喻，其实宇宙当中的一切，都是阴阳两种力量按不同比例组合产生的结果。

如果你能够像周文王一样，站在宏观格局上，看这六十四卦演变的规律和彼此之间的关系，你自然而然就会发现"万物并育"，你自然就会产生一种观点——不用太担心一个人会成为什么样，他长成这样，自然有他这样的性和命的原因。

你自然而然会产生一种让一个人的心性和天命之间契合的放松感。

所以对儿童教育的焦虑，本质上说，都是因为眼光太短浅了。很多父母批评爷爷奶奶宠孙子。我个人认为这不是宠，是爷爷奶奶比孩子的父母老一些，他们知道一个人大概能成长成什么样，其中有来自天地的很复杂的因素。如果我们非要在教育上抠细节，可能在短时间内获得了某种胜利——但从整体上来说，对孩子帮助不大。

反倒是让一个人处在一种和时间、空间比较和谐的心理状态，对一个人的福德更好，对生命的滋养作用更强。

以梁某人活到五十岁的经验来说，我发现有些不是很聪明，成绩不是很好的人，却往往比那些很努力、很勤奋、算得很精准的人，一辈子到最后的"总积分"要高。

我以前不理解为什么，后来发现其实原因就在文字里，如果你能够让这个人活在自己的天性当中，他的命就比较顺，这叫"天性之谓命"。

还有两句是"率性之谓道，修道之谓教"，后面讲荣格对《周易》的理解时再和大家分享。

其实《中庸》是一本非常精妙的书，我越读越喜欢。这和西方的格式塔心理学、NLP教练之道、海灵格的家族系统排列，如出一辙。

天底下的事情都是相互参照的，都是契合的，明白之后你会突然发现，对以前的圣人来说，有一件事很重要，就是随便拿起一个卦辞琢磨半天。这是我所知道的这个世界上最环保的娱乐方式。

≡ 梁 注 ≡

- 《中庸》完全是《周易》精神的体现，"中"体现的是阴阳和合之后的博弈平衡态。

- 如果一件事、一个人能够持续很长时间地发展，那说明其中一定做对了什么。放在更宏观、更长时间、更大尺度的范围内，可持续的东西自然有它的道德性所在。

- 我以前不理解为什么，后来发现其实原因就在文字里，如果你能够让这个人活在自己的天性当中，他的命就比较顺，这叫"天性之谓命"。

19

《大学》乃《周易》精神的投影

人要从庸俗的状态走向超凡脱俗的状态，
要从禽兽昆蚊的状态去到天地广阔的状态，
要从愚昧的状态走向有觉知的状态，
这就是儒家的信仰。

为什么一个人要成为一个"大人"？什么叫"大人"？

当你和更广阔的宇宙连接之后，你会产生一种什么样的状态？

为什么《中庸》里说"至诚之道，可以前知"，为什么可以提前知道？

大学之道，在明明德

《大学》和《中庸》一样，是整个《周易》精神的投射，是儒家学派不断将《周易》精神演化，继而使其成为一部社会以及人生的操作指南。

《大学》是"四书五经"之一。朱熹把它从《礼记》里抽出来，作为单独的一篇。

《大学》为什么会出现？是因为儒家有个很重要的信念：**人一定要从庸俗的状态走向超凡脱俗的状态，要从禽兽昆虫的状态去到天地广阔的状态，要从愚昧的状态走向有觉知的状态，这就是儒家的信仰。**

走完这个过程的学问就叫"大学"，人就成为"大人"。所以"小人"不是坏人，小人只是活在了自己日常的喜怒哀乐和本能欲望中，也算是真实的人。

不过小人到最后多多少少有点遗憾，这个遗憾就是，没有能够与他人建立更加广泛而深厚的连接。

当然，一辈子只做"大人"而没有做过"小人"的人也会有遗憾，他可能也会思考："我这一辈子到底干了什么？"所以，我们并不是反对做"小人"，儒家只是提倡先尊重自己是一个"小人"，但是也要看到成为"大人"的方向。

《大学》第一章就在讲"**大学之道，在明明德，在亲民，在止于至善**"。这篇文章也是非常精妙的。

"明明德"是明什么德？"明"字左边一个日，右边一个月，讲的是阴阳互根之德，日月交替之德，也就是辩证统一之德。世界上的任何事物都充满了矛盾性，它是辩证的，但又是统一的，此之谓"明德"。明白了这个道理之后，我们的第一个直觉就是坏事不那么坏，好事也没那么好。

我在三十岁那一年很焦虑，觉得自己一事无成。突然有一天发现原来三十岁最大的好处就是，"三十以后才明白，一切都不会太坏"。当然一切也不会太好。

有人说，"我就想过不劳而获的生活，在家里数钱数到手抽筋"。但我真的认识这样的人，但他们是很空虚的，还挺羡慕那些在奋斗中的人们。

所以只要一个人没有体会过一件事，就很难说那件事是对还是错。最终你只能明白一个道理，就是**好事里可能蕴含着某种诅咒，坏事里也可能蕴含着某种祝福**。

比如说，和资源丰富的俄罗斯、埃塞俄比亚、委内瑞拉等国家不同，日本是一个自然资源相当贫瘠的国家，容易地震，又没有什么矿产，但是他们的工业很发达。

为什么呢？因为日本知道自己缺乏资源，所以要提高自身的能力。而有些国家虽然自然资源丰富，但是其工业生产的能力反而比较弱。

"明德"讲的就是这种阴阳转换，是你中有我，我中有你，祸福相依的感觉。所以我认为，老子读《道德经》，本质上来说是把《周易》里某些精华提炼出几章出来，做了演绎。

"在明明德"的下一句是"在亲民",为什么要"亲民"?有人说亲民是让人民不断地革新自我。我觉得结合之前周公旦制定"新约"的故事,可以这样来理解,以前是人与上帝之间做约定,现在是人与人之间做约定。换句话来说,以前都是通天的,现在是要通民的。

所以一个要成为"大人",第一个阶段是要明白事物阴阳互根的"明德",第二个阶段就是要深入到人民当中去,人民才是"2.0版本"的天,或者中国知识分子心目当中真正意义上的"天"。

我在中学的时候,曾经住在广州的越秀南路,旁边是农民运动讲习所。我常常去那里感怀曾经在农民运动讲习所讲过课的毛润之先生。

润之先生曾经有段时间,深入湖南、广东等地的农村,跟普通民众深入交流,探讨中国革命的未来方向。他是革命党人里不多的、真真正正的、大规模地做过民间调查的领导人之一。他很接地气,也就是说他有跟中国最基层的老百姓沟通的体验。

因为他与普通百姓接触过,所以知道民心向背背后的力量,这种力量是可以捕捉到一个东西的,我们称之为"神",这个"神"在我这里的定义就是,众人和合之下的博弈态,这叫"亲民"。

最后,关于"止于至善",有人说"止"通脚趾的"趾",就是方向;也有人说是指停在那个状态,也叫"止"。

不管怎么说,至善不是一般的善,至善是超越普通的善,是在终极博弈平衡态下的那种了了分明、如如不动的空性状态,我们称之为"至善"。

这也是道家讲的修道的状态,渺渺空空,修到恍兮惚兮,好像物我两忘,肉体不存在了,精神透过"Wi-Fi信号"与周遭万物相连,好像哪里都是,又好像哪里都不是;可以是这样,也可以不是这样。无可无不可的那种状态,我们称之为"至善"。

修行的次第：格物致知

《大学》是有次第的，一个人在世间三万多天，修行次第是什么？《大学》里说是"格物致知、诚意正心"。

"格物"就是明白《周易》如何被格式化。"物"是被抽象出来的某种符号。"格物"就是对物进行格式化、抽象化的过程。其实这是一个由点到面，由面到体，由体到无量的过程。

因为"格物"之后才能到"致知"。"知"是什么？以梁某人的理解，就是不用怎么去了解这件事情，只要知道若干细节，输入几个信号，就能知道这件事情大致是什么样的境界。

"致知"的原因是能够透过看似不相关联的一些不起眼的细节，对这个事情有一个全面的判断。

中医讲究"望闻问切"，一看这个人的舌头，就可以知道这个人的身体状况。很多抹黑中医的人说这不科学，但现代科学也证明了人体舌头上的菌群和肠道菌群是一个共生态。

有一天，我和一个中国顶级的牙科专家聊天，他此生最重要的研究就是口腔菌群。他说，其实口腔菌群与肠道菌群是一个类型的，因此我们可以通过一个人的舌苔了解他的口腔菌群，再了解他的肠道菌群。

如果你有关于肠道菌群的知识，而且也知道肠道菌群如何影响我们的脑-肠轴，如何影响人的意识的话，那么你基本上可以通过看一个人的舌头，大概了解到这个人是什么性格，他得了什么病，他大概什么时候会得什么样的病，他将来会搭配什么样的一个人做伴侣。

以前我常常举一个例子，男女青年一接吻之后，两个人的感情马上就不一样了。衡量一个人是不是爱另一个人，就看这个人愿不愿意跟对方接吻，这是很重要的指标。为什么？因为这是个交换菌群的过程，交换完菌群之后，双方就不是在道理层面上的认知了，而是在菌群层面上的契合。

我采访尹烨老师的时候聊到了这个话题，尹老师表示，接吻十分钟，两个人的菌群交换就能达到千万级别。为什么会有夫妻相？因为两个人交换完的菌群都长到各自肚子里去了，慢慢地，双方就长得差不多了。

中国人有吃大锅饭的传统，在一个锅里吃饭，不用公筷。这个传统固然有些坏处，比如一个人得病，可能全家人都染上，因为唾液可以传播疾病。但它有个好处是，一家人吃完一锅饭之后，彼此之间的默契度、认同度会大大增加。这不是在知识层面上完成的，而是在底层细胞的信息层面上完成的。

人生的烦恼源自不够诚实

还有一句话和诚意有关，《大学》中说"格物致知、诚意正心"。"正安"的核心理念也是从这句话衍生出来的，这是我们公司的企业文化。

"诚"这个字很精妙，《中庸》里讲到诚，说"至诚之道，可以前知"。什么叫"前知"？就是可以预先知道这件事情。当你达到至诚状态的时候，你是可以提前知道一些事情的。

"国家将兴，必有祯祥，国家将亡，必有妖孽。"这是《中庸》的原文。一本讲教化、知识、道德的书，居然隐藏了这么一句话。日本有一个很厉害的占卜学家高岛吞象，他说他占卜的核心秘窍就是让自己处在沉密精神、如临至尊的状态。

"至诚"是有方法的，如何避免自己心猿意马，如何控制自己的呼吸，甚至如何屏气凝神，都与之有关系。

当年林曦老师给我写过一幅字，"沉密神采，如对至尊"。他说人在写字之前首先要调息，就好像对着至尊一样，然后才能真正开始写字。

其实，无论是打拳还是做饭，开始之前都得有屏息的过程。这个过程是调诚的过程：把自己的身心状况调到至诚之态，便可前知。这难道不是《周易》所传达的吗？

所以《周易》不是简单的算卦，它其实是在帮助你看见自己，诚实地面对自己。那个时候你自然而然就拥有了对未来的愿景和看法，自然而然地就知道该走向何处。一个人不知道该往哪里走，其实就一个原因——不够诚实。人生的大部分烦恼都是不够诚实带来的。

梁 注

- 好事里可能蕴含着某种诅咒，坏事里也可能蕴含着某种祝福。

- 《周易》不是简单的算卦，它其实是在帮助你看见自己，诚实地面对自己。

- 人生的大部分烦恼都是不够诚实带来的。

20

那些占卜准的人

命是大致的基础和方向，
那些身体和精神能量很强的人，
可以创造出一切。

预测真的是一套算法吗？

如果你能够实现自己的预测，那算不算是一种预言呢？

如果你要想实现自己的愿望，那么你的意识和无意识该怎么用？

为什么说那些身体和精神能量都很强的人更能够实现他们的预言？

正心：先天之气

在前两章，我们讲到《中庸》和《大学》对于我们学习《周易》的重要帮助，以及《中庸》和《大学》本身可能就是《周易》的一个非常重要的延伸。比如《大学》里的次第，从格物致知到诚意正心，到修身、齐家、治国、平天下。

有一个老先生跟我聊到《周易》的时候讲道："功夫在诚意正心和修身。你以为那些算卦算得准的人，真是因为他数学好、推理强，或者知道某些口诀吗？"

他说，这些都不过是后天之物，最重要的是先天之物，是他获得了先天之气。一个人，先诚其意，再正其心。

"诚意"和"正心"有什么区别？

"意"和"心"略有不同，"意"是可以通过主观努力达到的，有理性判断的，而"心"是完全不受意识控制的。

当年徐文兵老师在讲《黄帝内经》的时候说过，丈母娘和女儿在选男人的时候标准不一样。丈母娘选的是女婿，女儿选的是老公。

丈母娘要看这个男孩子诚不诚恳，有没有前途，身体好不好，家里有没有遗传疾病，以后会不会抛妻弃子，经济基础如何……这其实是有一套逻辑和算法的，可以借用意识去控制，这叫"意"。

但是"心"不一样，心是你莫名其妙陷入了喜欢，你不知道为什么喜欢，也不知道什么时候会变得不喜欢。可能经过很多次的催眠才知道，原来你喜欢这个人跟你小时候从电视剧里看到的角色有关。

甚至有一些人还相信所谓的"前世今生"，觉得心可能跟前世有关。对于这种观念，我无法证实也无法证伪，就按下不表。

但我知道有一些人总是反复喜欢同一种人，还有些女孩子会反复被"渣男"吸引，难道这是她有意而为之吗？以反复爱上"渣男"为例，这可能是女性潜意识里被"渣男"身上的某种放荡不羁的特性所吸引，也可能是被"渣男"难以驯服的坏特征所吸引。她可能内心有一种想要拯救他，想要做一个好母亲的情怀。这种情怀，连她自己都没有察觉。

所以"意"和"心"有很大的不同。"意"是意识，"心"是心识。意识可以借由某种努力训练得来，心识则可以借用某种不努力得来。

所以有个朋友跟我说，"意"可以用诚意注入，但"心"犹如悬胆，只能放在那里，不偏不倚，自然放松，达到平衡态。所以"心"在很大程度上，是一种比较被动的、让自己坦然的状态。诚意则可以通过训练后获得某种掌控它的能力。

"诚意"是我决定去爱，我要经营、维护好爱，要觉察自己的真心，对他表示关心。要有意识地反省自己是否还有看不见的地方，然后付出行动，该送礼物的要送礼物，该表示宽容就要宽容，该让自己变得更好的就让自己变得更好，这都是在"诚意"这个层面上要做的事情。

但"正心"不是这样，"正心"是让自己安于当下，让自己不嗔、不恨，自然而然地等待，自然而然地运行，随着时空的韵律起伏。

"诚意"可以通过训练来获得某种掌控它的能力，所以诚意为后天获得。"正心"则有点后天反先天，从意识到潜意识的况味。

当然，简单来说，我理解的"正心"就是把当下的心调到与宇宙共振的状态，"正心"就是"振心"。

总之，一个人把"诚意"和"正心"修完之后，就会继续走，走到"修身"的阶段。这种时候往往想什么来什么，而结果真的是因为想而来的吗？可能不是。更可能是你的心念振动和世道运行共振、同步了，你想某事物来，而某事物正好来，这是同时发生的。彼此不是因果关系，而是相关关系。

修身：修身体，修生命

儒家先讲"诚意、正心"，后讲"修身"。修身修的不仅仅是身体，还是我们称之为"生命"的东西。

我有一个不太恰当的比喻，我认为身体有点像一个硬件，生命有点像一个软件。你的躯壳里有骨骼，有神经，有细胞，有氨基酸，有蛋白质，有血液，有筋膜，这些都是硬件，就像手机也有很多硬件一样。

但是一个活人和一个死人的差别到底在哪里？身体里面总有一套"软件"在运行吧？你也可以说这套"软件"是电，或者不仅仅是电。

在我看来，"修身"其实是修两个方面：一方面是修自己的身体，让自己的身体处在一种比较健康的状态；另一方面是修生命，生命是身体里跑的那套软件系统。

身体和生命都要修，身体可以用"动"来修，生命要用"气"来修。

我常常看见很多朋友去"撸铁"、跑步，保持膳食营养均衡。总的来说，这些对身体进行刻意练习的朋友，精神状态是不错的，而且看起来比较年轻。

但生命不是这样，**生命有的时候需要在合适的时间，对着合适的方向，以一种合适的呼吸、吐纳的方式，感受合适的节奏与韵律。**

比如，站桩的时候，你是否能隐隐地感受到就像骑在水牛的背上，手就像扶着两只皮球？当你双手拉开的时候，好像中间有一些黏稠的东西在粘连着你。

站桩站到一定程度的时候，你甚至会觉得身体在晃动，好像有股气顺着脊柱在涌动。我就是气不足，所以就会出现这种状态。如果站桩到一定火候，你就会突然发现自己不再晃动。

就好像商场门口用鼓风机吹出来的人偶，如果气不是很满，它就会左摇右晃。如果鼓风机把它吹得气很满，整个气囊会撑得很紧绷，这个状态就是元气充满。

人可能也会有类似的状态。我观察一个人是否元气充满，有一个很简单的方法，就是看他坐着的状态。有些人坐在那里就是挺拔的，他也不是很刻意，但他的腰背就是挺着的。还有些人走到哪儿都靠着墙，坐在哪都瘫在椅子上，这就是元气不足。

随《周易》率道而行

为什么需要"诚意、正心、修身"？当你把你的"意"做到"诚"，"心"做到"正"，把身修好了之后，会获得一种很奇妙、很厉害的能力，那就是你的执行力比较强。

哪怕一件事情尚不确定会往哪个方向发展，但如果你的意识说我要朝这边走，放松之后的内心也觉得是这样子，这个时候你的身体机能又足够好，你甚至可以把没有发生的事情做出来。

人不都是这样吗？先有一个决定，然后让自己安静下来，去符合这个趋势，感受要做的这件事情和这个趋势之间的关系，最后奋力一搏，事情就能做成。

那么这个被自己创造出来的未来，这个自我实现的预言，算不算预测成功呢？

我以前觉得这只是一个和朋友辩论的话题，后来发现，真的有一些意志坚定的人，他们总是能够活在自己预测的事情里，一半是预测，还有一半是把自己预测的事情做成。

许多人求问命运的时候，没有弄清楚一件事情：命是一个大致的基础和方向，只有那些身体和精神能量很强的人，才可以创造出想要的结果。

太安私塾有个我的同学，以前在华为工作，他最喜欢讲的一句话就是"预测未来最好的方法就是创造未来"。

你如果有足够诚的"意"，有一颗放松而专注的"心"，你在做这件事情的时候没有三心二意，没有瞻前顾后，只是以一种"在动中修禅"的方式去做，再配合足够强大的身体和生命的力量，这件事情你就能干成。

我观察过绝大部分能力强的人，企业家也好，公务员也好，我发现他们一天能安排很多工作。

一个人如果没有足够强大的意志和身体，没有足够强大的战斗力的话，是不可能把这些事做成的。

而一些人之所以能够预测成功，完全是因为他已经想明白，并且有决心把事干成。

这是非常重要的区别，是命定派和真正有儒家"士不可以不弘毅"底蕴的人未来人生的差别。

正所谓"君子正位以凝命"，以我的理解，就是要把自己的位置摆正，用自己的能量去把命拧成一股绳。

命就像时间的未来一样，在远处看它像是一道光，再近一点像是气体，再近一点像是液体，再近一点像膏体，直到当下我们看到的就像固体。

我有个朋友曾经讲过一个有意思的观点，他说："所谓善恶的本质，'善'不过是那些有能力做好事的人做了好事，仅此而已。其实绝大部分人不想做坏事，是没有能力做好事的人才做了坏事，因为做坏人很苦的。"

我年轻的时候不懂这种儒家精神，但现在我越来越认为，对年轻人的教育就应该从儒家这一套思想入手，就是要让他们先"格物"再"致知"。

学习物理、化学、数学等科学知识都叫"格物"。而"致知"是从科学升维到价值观、普遍认知，然后将"诚意、正心"注入，在做事情的时候不偏不倚、当下不杂，再用自己身体的能量贯穿下去。

《大学》里讲"修身、齐家、治国、平天下"，对于绝大部分人来说，还轮不到我们平天下，也轮不到我们治国，但对于一个想要在人生三万多天有所成就的人来说，这还真是一条正确的路，不是吗？

所以学《周易》不是学算卦，学《周易》是学易里的德性，学《周易》是最终让这个德性率道而行，成为你的生命力量。

梁 注

- 生命有的时候需要在合适的时间，对着合适的方向，以一种合适的呼吸、吐纳的方式，感受合适的节奏与韵律。

- 当你把你的"意"做到"诚"，"心"做到"正"，把身修好了之后，会获得一种很奇妙、很厉害的能力，那就是你的执行力比较强。

- 学《周易》不是学算卦，学《周易》是学易里的德性，学《周易》是最终让这个德性率道而行，成为你的生命力量。

21

邵雍，易学的集大成者

世界要能够由此物推他物，由这个地方感受那个地方，
  只有一和可能性，那就是世界是波粒二象统一的，
  物质和频率在某一个方式上可以统一为一种表达形式。

为什么邵雍成为中国历史上易学的一个集大成者,

他的学问造诣和他的家传有什么关系?

他到底发现了什么,能够帮我们解释世界相互印证的过程?

人的命运能够被预测吗?

预测学的依据和宇宙的周期又有什么关系?

不懂音律, 无法通天地

《周易》的易理精华,都落实在了《大学》和《中庸》里。《大学》《中庸》讲的都是一个人如何超越自身的动物性,借由后天的修炼,达到至诚、至真的状态。

儒家的修行就是通过养自己的浩然正气来推天理,明人事,核心在一个"诚"字。

所谓"诚",既是"诚恳"的"诚",也是"澄净"的"澄"——"诚者,澄也"。禅宗也讲,心若上水。当你把你的心安静下来的时候,杂念就会沉淀下去,心里的水就会透亮,就可以反映世界了。

世界为什么可以透过心去映照呢?"观自在菩萨, 行深般若波罗蜜多时, 照见五蕴皆空",也要行深般若波罗蜜多。"行深"的意思是,把"般若波罗蜜多"这个心法的法门,这个心灵的"广播体操",这种内在的意识控制的阀门,做到深处。

这些东西在儒家都叫"诚"。

除了这一套心法，我们都说"周公制礼作乐"。"制礼"，就是定下了一套游戏规则，包括使命、愿景、价值观以及相应的行为方法。"作乐"就是用音乐来帮助人们达到和谐共处。

我觉得自己人生最大的遗憾，莫过于童年时期没有学会一种乐器。有一年太安私塾在贺兰山边的酒庄聚会，那里有一个非常美丽的露台，星空之下，同学们请来了一个当地乐队一起唱歌，但我发现我根本唱不了。我只能唱卡拉OK，跟着现场乐队的旋律唱，简直太难了。

我对于自己不懂音律是很遗憾的，因为不懂音律真的无法通天地。此话怎讲？我要讲到在易学历史上一个非常重要的人物，这个人叫邵雍。

邵雍与律吕之学

邵雍字尧天，他给自己又起了一个号叫安乐先生。他是北宋时期了不起的大思想家、大哲学家，我认为他甚至是某种水平的大物理学家。

很多人说他是因为跟着一个姓李的老师学了很多东西，还有人说是因为他跟程颢、程颐两个人是好兄弟，在与强者的交流中升华了自己的思想。

我看过一篇很深入的学术报告，讨论邵雍的学术思想真正来源。报告提到了一个很重要的东西，就是邵雍的家传。[1]

邵雍的父亲叫邵古，他们的先祖是周朝的"大内总管"召公，我们在归妹卦里曾经提过他。召公的后代经过若干代之后来到宋朝，邵古就是其中一

---

1   见：金生杨. 邵雍学术渊源略论 [ ]]. 中华文化论坛，2007（1）：119-124.

支。邵古将律吕之学传授给了邵雍。

什么是"律吕"？我们都听说过"黄钟大吕"，其实这和中国古人感受世界的一种独特的"行为艺术"有关。

在上古时期，可能在黄帝乃至黄帝更早的时期，人们做了一次特别有意思的"行为实验"。

他们在一个完全密闭的房间里，在地上插上十二根口径和材质完全一样，但长短不同的管子，十二根管子露在外面的部分都一样的长，插到地底下的部分长度不同。

接着人们在管子上铺上了用芦苇烧成的极轻极轻的灰。这十二根管子就会和地磁、地热形成某种奇怪的联系。据说在冬至前后地气最深时，就和最深的那个管子的孔形成一种共振。

地球在自转、公转的过程当中有频率，地磁波也是有频率的。

总之，在某一个特殊的时刻，这个频率就跟某一根管子形成了共振，共振就会把覆盖在管子上的灰弹起来，类似我们今天说的管弦乐的共振原理。

中国古人把这十二根管子所对应的十二种频率叫作"律吕"，最深的管子对应的频率叫作"黄钟"。第二长、第二深的管子对应的是"大吕"。

这十二根管子分成两组，一、三、五、七、九、十一号管子，统称为"律管"，得阳数。二、四、六、八、十、十二号管子称为"吕管"，得阴数，于是就形成了所谓的律吕之数。

律吕之数重要的地方在于，它体现了古人对音律学的一种思考。因为有了音律学，所以共振变得非常容易理解。

我们弹钢琴的人都知道，钢琴有七个白键，中间有五个黑键，这为一组，每一组都有十二个键。

　　人们发现这种十二律的分法，显然和地球在自转以及在公转过程中的频率有关。

　　这涉及一个问题，就是世界的本质到底是什么，或者宇宙的本质是什么？

　　很多人都说宇宙的本质源于大爆炸，各种分子聚合成了星球，星球之间是黑洞、虚空、尘埃等等。那么如果你站在这个角度看，宇宙是由一个一个或大或小的球组成的。

　　但是也有另一种观点认为，宇宙的本质是波。

　　也有人说，波和粒子是一件事，频率和球是一件事，也就是所谓的波粒二象性[1]。

　　宇宙里除了空间，还有时间的概念，但是时间到底是不是真实存在的？有可能时间和空间，乃至物质都不过是波的不同表现形式。

　　如果你用"波"这个概念来理解整个宇宙，或许你就会建立起一种所谓的"统一场论"。

　　如果世界全部都是由波构成的，那么我们看到的所有现象，无论是某一个事物、人、动物、能量，还是分子，都可以被转换成某种频率的表达，全部都可以用正弦波[2]来表达。

　　当年我采访刘丰教授时，他说过一句对我影响很深的话："世界就是一个正弦波，叫'一念'。"

1　波粒二象性是量子力学中的一个核心概念，它描述了微观粒子如电子、光子等既具有波动性也具有粒子性的特点。这一概念最早由物理学家路易·德布罗意在1924年提出，他提出所有物质都具有波粒二象性，即一切微观粒子都同时具有波动性和粒子性。——编者注

2　正弦波是一种周期性波动，其波形是正弦函数的图像，它在物理学、工程学、声学等多个领域都有广泛的应用。——编者注

有一定物理学知识的读者，可能多多少少能够理解或者感受到这一点。

在北宋时期，邵雍就已经开始在做这样深入的思考了。在律吕之学的影响下，他意识到事情和事情之间是可以借由共振，来形成彼此之间的遥相呼应的，也就是我们如今说的宇宙当中有所谓的"遥远的相似性"。

此物可以比拟他物，此事可以推演他事，此人身上必有他所在群体的共同特征。

一群人聚集在一起，有这一群人共同的频率，我们叫"乌合之众的共振"。

甚至连一款酒都是这样，有些酒你觉得好喝，而另一个人就不觉得好喝，显然是因为这个酒的分子、菌群、酵素，乃至它的频率和你自己内在的分子、菌群、酵素、频率之间形成了相合的关系。

当年我在采访徐文兵老师时，他说的"感"字对我启发很大。什么事情都是一个"感"字，"感而遂通"，彼此之间若有感觉，能够共振，就能够彼此相通。

所以老话说，酒逢知己千杯少，话不投机半句多。两个人只要能共振，时间仿佛就一下缩短了，交流变得非常容易。而且，能共振就有强大的吸引力。

这也是为什么两个人刚刚开始谈恋爱的时候，有无数的话可以说，即使隔着几十公里、上百公里，也能谈恋爱，就是因为他们能够共振。两个人在一起形成共同的生命体，结成了婚姻，也是因为有"柜感"，在生理上、心理上、物理上、情绪上、情志上都能契合。

象天法地的《皇极经世书》

邵雍把他父亲传给他的音律之学拓展开来，发展出了一套叫作"皇极经世"的体系。

《皇极经世书》[1]这本书里有这样一个假说：宇宙其实是或大或小的周期，一年的周期和十二万九千六百年的周期是一样的。

邵雍提出了"元会运世"的概念，这是"皇极经世"这个体系里的术语，用来计算历史的周期，每个单位都对应着特定的时间长度。

一元等于十二会，一会等于三十运，一运等于十二世，一世等于三十年。这与我们对时间的度量一样，一年有十二个月，一个月有三十天，每一天又有十二个时辰，每个时辰又可以分成三十份。

于是邵雍认为，既然时间可以形成这种等比放大的规律，空间是不是也可以呢？

我曾采访中国科学院的考古天文学家吕宇斐老师，他就在研究宇宙过去一万多年的历史里，以地球为观测的基础，人们看到的斗转星移有什么不同。

黄赤夹角[2]大概每五六百年就会变化一度，导致我们从地球表面上看到的天象有所变化。

天象的不同导致其投影到地上的影子也不太一样，所以不同时期的建筑物的朝向是略有不同的。据说四川省的阆中古城，就是完全按照当时的

1　《皇极经世书》是一部融合了易学、哲学、宇宙观和历史观的著作。它试图通过《易经》的象数体系来解释宇宙的生成、万物的演化以及社会历史的变迁。这部作品带有浓厚的神秘主义和宿命论色彩，体现了邵雍对于宇宙和人类社会的深刻思考。——编者注

2　地球公转轨道面（黄道面）与赤道面（天赤道面）之间的交角，大约为23° 26'，夹角大小处在缓慢和细微的变化中。——编者注

天象来建造的，天上有一组星，在地上就有这样一座建筑，这叫"**象天法地**[1]""**在天成象，在地成形**"。

这其实与我们此前讨论的波粒二象性有相似之处。如果用"波"这样的概念来理解宇宙的话，我们可以发现宇宙中的不同部分会形成相互投射的关系。于是就可以借由近处的细节、对小的模型的观察，来推演远处的大的东西的发展规律，这就是所谓的"**近出于己，远推于物**"。

所谓的预测学，就是通过观察一个人以什么样的方式度过一天，预测出他可能以什么样的方式度过一生。

面相学则是指，透过一个人脸上器官的分布、气色，了解这个人的气血运行，从而推测他的人生的命运起伏跌宕。

这当然是一种假说，但是中国古人一直有这样的一个信念，就是这种相互投影的关系，是宇宙内心深处的一种法则。他们把它归纳成了"**天人合一**"四个字。

未来十年的卦象

邵雍在发展出了"皇极经世"的体系之后，就开始把这个体系和六十四卦进行等比放大的推演。

中间的推演过程很复杂，但他在《皇极经世书》中推断出了2014年到2023年的运程，以及2024年到2033年的运程。

2014年到2023年，正好是我们过去经历的十年，对应的那一卦叫

1　中国古代建筑规划布局为一种方法，其核心思想是模仿自然界的规律。——编者注

"蛊卦"。

"蛊"这个字上面一个"虫",下面一个器皿的"皿"。《酉阳杂俎》[1]这本书里提到,唐朝人有养蛊的习惯,就是把各种毒蛇、蜈蚣、蝎子等放在一个器皿里面,埋在地底下,它们会彼此厮杀和繁殖,经过若干时间之后,最后剩下的毒物就是最凶猛的。

据说,古代的侠客行走江湖,就把那个东西磨成粉,熬成汁,抹在飞镖上,被扎到的人必死无疑。

《皇极经世书》中说2014年到2023年对应的是蛊卦。回头想想我们遭遇的情况,可能也是某种天意使然。好消息是,蛊卦到2023年就结束了。

根据《皇极经世书》,下一个十年的卦象是"天风姤(gòu)"。天风姤的卦辞是"女壮,勿用取女"。也就是说女性,尤其是极其强势的女性会当道。

结合我们当下的社会趋势和一些国际事件,也许有人会说一切是早就被安排好的,但是你又怎么知道这些去安排的人,没有身处巨大的、更宏大的宇宙意志当中呢!

天风姤卦可能对应着未来十年风灾会比较严重,也可能对应的是风能作为一种清洁能源会成为大家关注的焦点。关于姤卦还有很多细节,我们会在《周易有答案》为大家详细讲解。

当我们讲到邵雍这个人时,其实引出了一个很有趣的话题:世界要能够由此物推他物,由这个地方感受那个地方,只有一种可能性,那就是世界是波粒二象统一的,物质和频率在某一个方式上可以统一为一种表达形式。

---

1   唐朝博物学家段成式所写的一部笔记小说集,共三十卷,最后十卷为续集。其中介绍了许多汉唐以来的生活状态、思想状况等,内容涵盖了从仙佛鬼怪、人事到动植物、酒食、寺庙等众多领域。——编者注

只有这样才能够体会什么叫作"遥远的相似性"，才能够知道为什么不同的周期之间可以彼此对应。

如果有兴趣，大家可以搜索一下"复杂性科学""相似性原理"，这或许会为你们提供很多有趣的洞见。

☰ 梁 注 ☰

- 在北宋时期，邵雍就已经开始在做这样深入的思考了。在律吕之学的影响下，他意识到事情和事情之间是可以借由共振，来形成彼此之间的遥相呼应的，也就是我们如今说的宇宙当中有所谓的"遥远的相似性"。

- 观察一个人以什么样的方式度过一天，那么就能预测出他可能以什么样的方式度过一生。

- 当我们讲到邵雍这个人时，其实引出了一个很有趣的话题：世界要能够由此物推他物，由这个地方感受那个地方，只有一种可能性，那就是世界是波粒二象统一的，物质和频率在某一个方式上可以统一为一种表达形式。

22

邵雍的思想旅程

宇宙是有方向的，这个方向是有周期的，
你往前走，走得足够久之后，
就会发现你走到了自己的身后。

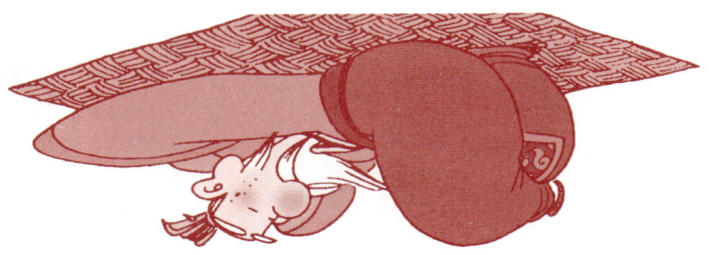

一个人如果真正地得道，他的行生坐卧会呈现出什么样的风格？

他如何跨越人生最重要的关卡？

在生命的最后时刻，极致的《周易》高手邵雍跟他的朋友说了什么？

与天地同齐的人，如何超越庸俗

邵雍家传音律之学，并透过音律之学发展出了一套自己的宇宙观。从这个角度上来说，他算是一位哲学家和理学家。

所谓的天理，就是天自然有它的运算法则。程朱理学中的"存天理、灭人欲"，其实也是在这个维度上讲的，即个人的欲望在整个天道面前，是如此微不足道。

一个人要超越自己庸俗的人生，成为一个与天地同齐的人，必须对自己动物性的一面有所警惕，而把理性和整个人生的光辉，与宇宙的主旋律进行同频共振。这是中国古代真人们的一个共同的梦想。

"长生久视[1]"，不是指上天堂，也不是指下辈子投个好胎，做个富二代。君子们做的事情就是让自己内在心性的频率、意识的频率与宇宙的真理之间形成共振，从而做到真正地与天地齐寿。

这个话题有点大，我们讲点细节的东西。

1 　形容长寿，耳目不衰。出自《老子》中的"有国之母，可以长久。是谓深根固柢，长生久视之道"。——编者注

曾经有人问一个来自不丹的大和尚："您能给我们讲讲《心经》吗？"当时我在现场，大和尚说，《心经》这个故事很有趣。在汉地传播的《心经》的开头直接就是"观自在菩萨，行深般若波罗蜜多时，照见五蕴皆空"。

其实这一句是有前因的，是一个叫舍利子的修行人，向释迦牟尼佛请教了一个很有趣的问题：一个真正得道的人，也就是了悟了宇宙真理的人，在这个世间的时候，大概会以什么样的方式来活呢？这个问题由观世音菩萨进行了回答。

我们不知道一个人是不是真正地得道了，我们只能透过这个人的生存方式、生活态度、待人接物、行住坐卧，来看他真正的状态。

其实这也是我的疑惑，就是邵雍这样一个我认为应该已经明天理的人，是怎么应对事物的呢？这个时候就得看他的"朋友圈"，得看他这一辈子是怎么活的。

我看了很多关于邵雍的生平事迹，总结下来大抵有两点。

第一点就是这个人一辈子都不出来做官。他有无数次机会出来做官，而且都是美差，既不累待遇又好，但他不愿意。所以他去世之后，谥康节，就是说他的一生是有志向的，是有节制、有节操的。

第二点，邵雍拥有一种很奇怪的能力，这个能力是我认为修道成功的一个很重要的标志。他具有了一种灵魂吸引力，而且吸引的人都是当时世上最聪明、最优秀、最超凡脱俗的人。

比如程朱理学的开创者程颢、程颐兄弟，就要跟邵雍做邻居。他们住在一条巷子里三十多年，经常一起讨论学术问题。

再比如司马光，他在朝中做官做到"总理"级别，后来回到洛阳修书，编撰《资治通鉴》，但他完全不觉得自己跟邵雍在一起的时候是一个官员，他反而说"当以年德为贵"，两人能够很愉快地进行学术交流。还有命理高手张载等也都紧密围绕在邵雍身边。

邵雍一辈子没什么钱，生活很清贫，年轻的时候为了读书吃了很多苦。据说他为了能够晚上点灯看书，炒菜连油都不放，留着作灯油。

那么邵雍为什么能够吸引那么多优秀的人在他的身边呢？甚至到了后来，他没钱的时候，大家一起集资为他置办了新宅，一起供养他。而这些身份显赫的朋友们帮助他时，他也不会觉得受之不起。

我觉得这是一个人修行到一定程度的标志：你最优秀的朋友愿意帮助你，让你去做你应该做的、你的天命之内的事情。

就像恩格斯和马克思一样，恩格斯一辈子帮了马克思多少忙！马克思没钱的时候，恩格斯跑出去干工厂，用资本主义的方式去赚钱，支持马克思去写一系列文章，把资本主义延伸到另外一个阶段。

读到这些故事时你会发现，一个人如果修行到最后，灵魂能够释放信号，它就像一个强大的Wi-Fi发射器，能吸引所有想借由你与天道对接的人。

邵雍这个人对物质要求并不高，但其实很会生活，就是花不多的钱，却总能让自己活在很舒服的状态里。

邵雍的自在生死观

一个得道的人，最后是不是能够把他的学术应用到生活当中呢？

我们都听过邵雍的梅花易数[1]。邵雍已经到了万事万物皆可起卦的地

1　中国古代的一种占卜方法，以《周易》中的数学为基础，结合易学中的"象学"进行占卜。梅花易数的名称来源于邵雍的一次占卜，他在观赏梅花时，偶然看见麻雀在梅枝上争吵，以易理推衍后，预言第二日夜晚会有女子前来摘折梅花，被园丁发觉而羞逐，女子惊慌跌伤到膝盖。此预测现象果真在次夜丝毫不差地得到验证，因此大家将这种预测方法取名为"梅花易数"。——编者注

步。给他一组数字，他能起卦；迎面走来一个老人，脚下踩着一块石头，他也能起卦；一只鸟在飞，他也能起卦，并能以此推断事物。

有一年我采访于晓非老师，他说过的一番话对我影响很大，他说，学问知识分成两种，一种叫"真的"，一种叫"一般的"，不算真的。真知识帮你面对生、老、病、死这些大事，其他的知识可学可不学，学了也不会怎么样，不学也不会怎么样。

邵雍在日常生活中很少起卦赚钱，也很少起卦给自己推测吉凶，不会去算今天出门应该穿红色还是黑色的衣服。

有一天，邵雍感觉自己行将就木。这天，司马光来看他，两人是好朋友，都住在洛阳。邵雍微笑着同司马光说："某欲观化一巡，如何？"[1]

这个"某"就是我，"观化"就是去看一看生死轮回这件事。"某欲观化一巡"，就是我准备去走一圈，观化一巡之后说不定能回来，也可能是用其他的方式回来。

我们读《庄子》的时候都知道，邵雍指的是"天地一气"。这团"气"今天聚成了一个人的样子，明天离散了之后，重新聚成了一瓶红酒，再过两天化成一匹马，或者一杯咖啡，或者一束光，或者一瓶维生素等等。这些无非是"气"各种方式的聚合。

"某欲观化一巡，如何？"翻译成白话文的意思就是："我觉得我可能快死了，你怎么看？"

司马光回复道："先生未应至此。"意思是，邵雍前辈啊，你还不至于到死这一步吧？

结果邵雍回答说："死生长事耳。"意思是，生死是平常的事而已。

1　见：邵伯温. 邵氏闻见录［M］. 北京：中华书局，2014.

我们复现一下这个场景，就是两个人在讨论生死，邵雍说："我准备走啦。"司马光说："不要吧，你还不到那一步吧。"他说："这是很平常的事情。"于是两人相视一笑，随后开始讨论别的话题了。

不久后，风声就传出去了，邻居和朋友们都来看望邵雍，其中就有张载。

张载精通各种占卜方法，放在现在来说，绝对算是"大V"。在他们这一群人当中，张载的推命之力可以说是无出其右。

邵雍和张载两个人经常进行学术交流。张载对他说："先生论命否，当推之。"意思是，我们一起来推一下，你的阳寿还有多久。是不是可以采用什么方法，比如做个局、布个阵，去错开这一次死亡的命运？或者我们是不是可以通过"法于阴阳，和于术数[1]"，用天地阴阳自然变化之理调和一下身体？

但邵雍说："若天命则知之，世俗所谓命则不知也。"大意是，我这个人喜欢讨论的是宏观宇宙问题，讨论的尺度是十二万九千六百年大宇宙和一年之间对应的关系。这些事情是我所关心的问题，我个人的命不重要，我也不想知道。这个故事的背后含义是什么？只有你真正地把它放下，你才能够放下。

面对生死这件事情，是一个所谓的修行人，最后且最重要的关卡。

人生往往有很多关卡要过。第一个关卡就是所谓的性，一个人到了一定年龄，激素分泌旺盛，总要面对男女之事，所以有人说"英雄难过美人关"。激素的躁动从一个人十二三岁，甚至更小一点时开始，持续很长时间。

第二关叫钱财。很多人有钱了，还是觉得没有安全感，还是想挣钱。还有很多人没有什么钱，但是这也不影响他生活，有钱多花点，没钱也不差。反正对于囤积、增长财富，没有那么强的欲望，这些人是过了第二关。

---

1   出自《黄帝内经》，"法于阴阳"意味着要顺应自然界的阴阳变化，而"和于术数"则是指通过适当的方法和技术来调和身体和精神，以达到养生的目的。——编者注

第三关叫名利，有很多人这一辈子很清廉，做事很认真，但是总是放不下自己在朋友当中的口碑，以及在历史上自己如何被评价这件事情。

据我所知，很多很厉害的人一辈子都放不下他人对自己的评价，还有人对于好名声已经不在乎了，但是对于坏名声还是很怕，所以一直无法释怀，这都是因为名利关没有过。

如果要问我的话，我也一关都没过，但我已经勇敢地向命运低头，坚定地放弃了自己冲关的打算。

但是我认为邵雍走到了第四关，也就是生死关。你如何能够在最后的时刻面对这些事情仍然不动摇。天地生死，乃常事也。

如何做一个"雍"人

下一个来看望邵雍的人是程颐。程颐是儒家的重要代表，他一直有一个主张，强调儒家要有一种勇猛刚毅之气，所谓"士不可以不弘毅"。有时明知人生是无奈的，你的终极选择还是努力和奋斗，这就是人生的意义。

所以有没有结果都不重要，重要的是要努力。人的命运要牢牢地把握在自己手里，哪怕最后把握不了了，也要尽最大的努力去为自己的生命负责。这大概就是程颐的想法。

所以他来看邵雍的时候就说："先生至此，他人无以为力，愿自主张。"[1]就是说，先生，你走到这个阶段。别人是没有办法了，你可不一样，你总得自己为自己的生命做主张吧，你总得为自己生命负责吧？

---

1   见：邵雍.邵雍集［M］.北京：中华书局，2014.

邵雍说："平生学道岂不知此，然亦无可主张。"就是我这一辈子学道，我难道这点道理都不懂吗？但是我对自己没有什么主张。在生命的最后阶段，不需要努力。来就来，去就去，来了也不推，走了也不送。

如此这般，这个时候程颐就问了邵雍最后一个问题，他说："你都要走了，有什么话要留给我吗？"

邵雍说："面前路径常令宽，路径窄则无著身处，况能使人行耶。"做人、做事，自己的路要放得宽一点，这样自己有路可走，也给别人留点路。

其实人生的终极问题只有一个：你能不能把人生的路越走越宽，宽到可以容得下任何人在你开创的这条路上走。

邵雍这么说其实是因为程颐这个人性格比较刚毅，原则性很强，是非观念很重。邵雍在用最后的一口力气，向他近三十年的好朋友、好邻居说了这样一句话："不必要。"

这就让我们想起王安石变法时期，民不聊生。宋朝的很多反对派都是邵雍的好朋友，他们就对邵雍说，我们要辞官，我们要据理力争，我们就要拿自己的人头、拿自己的官位来跟王安石作对，我们不干了。

邵雍就说，不行，你们留在官位上，在执行王安石法令的时候，还能够有一点余地，还能够略略地帮助他人。如果你们为了自己的名声，为了自己的政治态度辞职，让品行恶劣的人在你们这个位置上，对人民不是更差吗？

所以邵雍虽然自己没有做官，但是对于那些在官场里的朋友，他都不断地提醒大家，做一个"雍"人。

这个"雍"不是平庸的"庸"，而是雍容华贵的"雍"，也就是邵雍的"雍"。你在任何方寸之地，哪怕在最窘迫的时候，或者在内在的自我约束最紧张的时候，都还是要放松调达，贤贤易色。当我们回顾邵雍最后的生命状态时，这就是一个人修道修到最后的状态。

第一，不会为了生存而投身到扭曲自己性命，就是内在性和命的事情里去。在古代做官就是扭曲性命的事情，他就不干，宁可自己活得一般。

第二，释放灵魂氧气，能够透过自己连通天地线，就像一个强力的Wi-Fi，能够团聚最优秀的人在他身边。

第三，在面对生死的问题上能够达到平静和淡然。当一个人修到这样的状态的时候，就应该是一个修成正果的人。至于他活多少岁，是40岁、50岁、80岁、100岁，又有什么关系呢？对于他们来说，反正都早已与天地同频率了，只不过换一种存在方式，一个存在现象去表达他的生命而已。

我们学易，不是为了学了之后给人占卜，也不是为了拥有饭桌上的谈资，而是为了学完易之后知道，宇宙是有方向的，这个方向是有周期的，你往前走，走得足够久之后，就发现你走到了自己的身后。

☷ 梁 注 ☷

- 一个人修行到一定程度的标志就是，你最优秀的朋友愿意帮助你，让你去做你应该做的、你的天命之内的事情。

- 真知识帮你面对生、老、病、死这些大事，其他的知识可学可不学，学了也不会怎么样，不学也不怎么样。

- 人生的终极问题只有一个：你能不能把人生的路越走越宽，宽到可以容得下任何人在你开创的这条路上走。

23

谁是中国神算子

邵雍把《周易》直接推回到了有文字以前的气散、节奏、变化,
乃至意识启动的那个临界点上,他肯定找到了某种方法,
真正、直接地成了《周易》本身。

为什么邵雍的父亲劝他不要研究佛陀之学？

为什么邵雍研究《周易》时不看卦辞、爻辞？

为什么任何事物他都可以起卦？

所谓的"先天之学"是什么？

邵雍又如何去逼近那个可能的他所以为的真理？

邵雍的先天之学

一个人如果真的通晓天命，应该活成什么样子？如果邵雍是这样一个人，那么他的生命状态在我看来就是一个词"容易"，也就是能包容能变通。

这不是说他没有生活里的种种困苦，而是他不会因此焦虑。他决定不做官，并不是一个很困难的、痛苦的选择过程，因为他想明白了，就这么定了。

有一些人今天喜欢这个，明天又觉得其实不是那么喜欢。有些人面对一个菜谱都很难作出选择，还有些人面对两双不同颜色的鞋，都很难抉择，最后只能自嘲还是穷，说选择困难症的本质就是穷，有钱就可以把两双都买下来。

这种想法好像都说得过去，但其实这不是本质，本质是你对自己到底应该是什么样子，没有清晰的定见。

我认为，"人定胜天"的意思不是人一定能够打败天，而是说人定住在那里的时候，你就和天是一样的，你随着它的变化而变化，但是你也守住了某一种不变的东西。

邵雍身上这样的东西到底是什么？我研究他的思想旅程，包括他对易的解释时，有两个细节深深打动了我。

第一个是他父亲邵古跟他说，"勿用佛事乱吾教"，"佛事"其实就是佛学。他父亲这么说，一定是因为看到他深受其影响。他的学说里面，有一些内容确实跟佛教的内容很像。

第二个是邵雍的观点，他认为那些《周易》研究，包括周公旦创作的爻辞和孔夫子撰写的《易传》，都没有意义。

比如说，为什么坎卦上面是断的，中间是一条横，下面是断着的，就是所谓的"坎中实，离中虚"，坎卦为什么画成这个样子？坎卦暗示了这一系列的故事和场景，我们如何看待后世的解释？

其实邵雍做了一个很大胆的推论，叫作"若问先天一字无，后天方要着功夫"。在有文字以前，人们画出了这样的图像，而坎卦在画这个图像之前是什么？

表面上看，这是很玄幻的一个讨论。就像慧能在说"不是风动，也不是帆动，是人心自动"一样。

大家只会在嘴上说说，谈的人都不相信，但是也有一种情况，就是当一个人处在某一个很纯粹的时空状态时，你的心念的动，也会带动现实。

我有一个朋友，他说他就想好吃懒做。但是他有他独特的好吃懒的方式，最后生活真的给了他一种好吃懒做的结果。

有一本畅销书《秘密》，讲了一个很重要的道理，就是你的意识就像一个波一样，你在向外界、自己的内界，释放某种信号，一旦遇到与之共振的东西，这些东西就会被吸引到你面前来。

我们说宋人守株待兔，但是你有没有想过，"守株待兔"可能不是一个贬义词。

如果我们两个人都站在那儿，兔子在我们前面，谁都不准说话，不准拿出胡萝卜，你有什么方法能够让这只兔子走到你身边？这中间是很有艺术性的，你在用你的意识做吸引力法则的行为实验。

邵雍的易学，究其根本叫"先天易学"。这个先天，不是说在出生以前就有的，而是他在很大程度上，把佛学里的精神引入对易学的阐释里。

他说我们在占卜，在用易学推导一些东西之前，有一个更重要的东西，就是你的意识管理。

我们可以这样看这件事情，在我们身边，你总发现有一些人比另外一些人更让你感到喜欢。有一些人请你吃饭，你也未必去。有些人待在那儿，你就想请他吃饭，这是为什么，难道后者比前者对你更有用吗？

如果你诚实一点，你往往发现如果一个人对你很有用，你就去请他吃饭，那个时候你内心里对自己并不是那么赞赏，你会隐隐地对自己有一种鄙夷。

一个人对你没什么用，但是你却想请他吃饭，这才是另一个优雅的境界。

那请问一个人怎么能做到对你没什么用，但是你又很想请他吃饭？这个人在他的行、住、坐、卧、眉眼、神情的后面，一定装着一个什么样的意识吧？他的那个意识才是吸引你的根本原因。

那反过来说，我们对自己能吸引什么样的世间万物，有没有一个慎独的观念？

所谓的慎独，就是静静地观察自己起心动念的原因是什么。

不管以何种标准，已满50岁的我都进入了人生的下半场。到了人生下半场之后，也知道自己的成就也就这样了。

这个时候越发对自己该做点什么，不该做点什么，有了一种自然而然的定见。

比如说做《梁品周易》有声节目，以前的做法是研究听众喜欢听什么，研究用户画像，怎么讲才能吸引更多的同学转发等等。

但现在我突然想明白一件事情：就高不就低。可能人群当中总有那么一些和我同频共振的朋友，多就多几个朋友，少就少几个朋友。

这个起心动念就决定了，我后来在写这本书的时候也不藏着掖着，怎么想就怎么写，反倒做起来也不累。

邵雍的先天之学，其实讲的是一个核心的窍门，叫"易者，意也"。《周易》是你意念的流转。

为什么邵雍能开创梅花易数，看见一只鸟、一头牛、一把斧头，就能推出各种事情呢？

你以为那是因为他看见那些东西，按照某个算法可以推出来吗？我想，这是个天大的误会。

我认为，是他已经知道答案之后，找了个工具包装一下。也就是说他是先有了答案，已经在直觉上知道了，然后找了一些术语，来做个表法而已，否则的话，怎么可能随手什么东西都可以起卦呢。

所以曾经有一个朋友问我，现在很多小程序、软件都能够给你起一个卦，把历史上的各种《易经》版本的注解给你列出来，那解卦还有什么技术含量可言？

我说："是啊，那你们解卦师是不是失业了？"

他说："不，卦在那里。你在这个时刻所关心的话题，其实才是解卦师要做的很重要的工作。"

其实解卦师要做的是要感受你。而且他还能看见趋势，了解事情发展中间的起伏变化，用我们的话来说，叫作看见方司，看见波浪。这是他的人生功夫修为，他只是借由你起的这一卦，其实哪一卦都没关系，来对你进行一次点拨、安慰，以及表达同情，或者同你来做一次互动的心理游戏，仅此而已。

邵雍的易学，究其本质，全在起心动念的功夫上。这是我看了差不多半米厚的资料之后，涌现出来的话。

邵雍说，你自己有了觉察之后，后来说出口的术语无外乎是用手段来包装一下而已。

那些神人的"神"

这让我想起了特斯拉[1]，他往往凭借闪现的灵感和直觉，提出了某一种物理学或者其他方面的架构性的猜想。后来人们就发现，他的设想真的是对的。

还有一个人就是爱因斯坦。爱因斯坦先有了相对论的一些框架和思想，后来找了他的朋友，包括他后来的妻子，算了很久，最终得出结论，证明自己的直觉是对的。

这个世界上有另外一种方法，结合某种很隐秘、很复杂的，兼顾直觉、想象和某种类似"信息下载"的神秘过程得出结论，然后再推论。

关于这种事情，说起来大家都觉得很神奇。我经历过一件真实的事件，这件事情很多人都知道。有一年我去参加一个叫作《最强大脑》的

1　尼古拉·特斯拉（Nikola Tesla，1856—1943），塞尔维亚裔美籍发明家、物理学家等。他一生致力不断研究，并取得约1 000项（一说700项）专利发明。——编者注

节目做评委。

那件事当时给了我极大的震撼。有一个选手看着像是一个中学生，此前我从来没有见过他，那天我们坐在节目现场，主持人介绍说他是个数学天才，让我给他出个题。

我记得当时在完全没有排练的情况下临时让我上去，我是"蒙圈"的，我就把我表弟的手机号码写了下来，然后把其中的一个3改成了8，后面又加了几个数字，似乎还开了一个14次方根。

当时这个同学盯着这个数字，然后就写出了答案：1.42。

而与此同时，节目邀请了一位数学系教授，要对这个数进行验算，现场足足验算了二十分钟，最后放弃。

蒋昌建老师站在我旁边，问：你当时怎么想的？

我说我完全是随机出的数字，而且在写的时候还临时改了。然后用开十几次方根的方式来出个题，我就看看行不行。

结果我目睹了这个"傻傻"的同学（我这样说，不是侮辱他，他真的有点钝钝的感觉，这不是贬义词）直接从左到右写出了答案。

这件事情在我的记忆深处，我记不清楚细节了。但这件事件我向大家保证，未经任何预演，没有半点的造假，全是当时我随机出的数字。

而且我是现场看见他用这么短的时间得出答案的，我那个时候第一次认识到有对意识直接下载的可能性。在邵雍那里，这就叫作"先天之学"。

你本身就是卦

我们的"心"有可能拥有一种不知道从哪里直接得到答案的能力，这个

"心"包含了脑、意识。在中国古人那里，在邵雍那里，这种思维叫"心"。

我们可以把它理解为意识，可以把它理解为直觉，可以把它理解为"下载"，也可以把它理解为非理性答案。总之，邵雍第一次用这样的方法获得了对《周易》的理解。

我其实是借由对这些历史人物揣度，慢慢地明晰自己理解的易到底是什么。所以我为什么后来很鼓励我们太安私塾的同学去学打鼓？就是我觉得一个人有可能不需要严密的逻辑推理，他只需要让自己成为那样一个灵敏的下载器具，他就能获得某些东西。

我这样说也许不严谨，就姑且当作我的一个假想吧。我观察了我身边的很多人后，发现那些逻辑性很强，也很聪明、努力的人，获得了让大家羡慕的人生成就。

但是总还有那么百分之一的人，既不努力，也没有那么强的逻辑思维，甚至也不是那么认真，但是他好像活得并不难。

我常常对这样的同学表示强烈的好奇，他是如何成为这样的一个人的呢？除了命好，还有什么隐秘的东西是值得我去揣摩的呢？

我都不敢说去学习，这个东西不能通过学习得来，但是这个可能约等于我所理解的邵雍说的先天之学。

有句话说，很多男人很讨厌女人的直觉，因为她们的直觉往往是准的。有些时候，有些女人在一个饭桌上待一秒，就能知道这个桌子上谁是最厉害的，谁喜欢她，她会和谁成为朋友，会和谁成为敌人。其中并没有什么详细的、复杂的推理，但她就是知道。

这种人我们见得很多，其实我们每个人多多少少都有类似的能力。不过有一些人在后天受的教育和成长过程中忽略了这些能力，有些人因为在后天的教育过程中没有受到太沉重的压力，所以得以保留着这种能力。

　　邵雍把《周易》直接推回到了有文字以前的气韵、节奏、变化，乃至意识启动的那个临界点上，他肯定找到了某种方法，真正、直接地成了《周易》本身。

　　所以，要想算卦算得好，只有一个方法：你本身就是它。

☶ 梁　注 ☶

- 当一个人处在某一个很纯粹的时空状态时，你的心念的动，也会带动现实。

- 这个世界上有另外一种方法，是通过某种很隐秘、很复杂的方式，将直觉、想象和类似信息下载一样的过程相结合，先得出结论，然后再推论出来。

- 一个人有可能不需要严密的逻辑推理，他只需要让自己成为那样一个灵敏的下载器具，他就能获得某些东西。

24

荣格与《周易》的故事

卫礼贤说，他看见荣格的第一眼，
就认为他是一个中国人，
他是一个有着中国灵魂的人，
他是"德国的庄子"。

远在西方的荣格，如何了解并认同《周易》？

如果你真正理解了《周易》的第一性原理，

你会不会也自己注解《周易》呢？

有一个遥远的西方人，在20世纪已经把心理学、

现代物理学和《周易》结合到了一起，这给我们带来什么样的启发？

读《周易》的第一性原理

读到这一章，很多读者内心可能也有了疑问：怎么还不讲《周易》？我想，其实我们一直在讲《周易》，只不过我们要把《周易》的精神贯穿在它的历史当中。

你可以想象吗？在苹果手机出现之前，很多做手机的工程师还在研究怎么把键盘设计得更小。在新能源汽车出现之前，很多高级汽车工程师都在研究轴承、发动机、液压平衡等——后来这些技术的精密程度已经发展到无以复加的地步，但是一夜之间变得不重要了。

有一些人在某个阶段掌握了第一性原理，完成了一次彻头彻尾的革新。

就像电动汽车一样，它的出现让许多传统汽车里最深奥、最精妙的技术变得不再重要。因为车已经回归了本质，它的本质就是用更节省的能量，用更安全、快速的方法帮你到达一个地方。

如果我们不在历史当中真正理解什么是"易"，很可能就会陷入对卦辞、爻辞的考据当中，最后却忘了我们为什么要研究它们。

邵雍直接抛掉了卦辞、爻辞，回到伏羲时代的图像，乃至更早的，没有图像之前的意识感知层面，从频率共振概念上理解《周易》，或许那是一种上古时期不可名状的智慧。

有人甚至猜测，《周易》的科学性根本就不来自这一次人类文明。你越研究《周易》历史上所发生人和故事，就越发这样觉得，可能有一些聪明的大脑也有过类似的假设。

关于荣格的内容是"梁品周易"系列的重要核心。你明白了第一性原理之后，几乎会生出一种不需要看卦辞也能起卦的感觉，甚至觉得自己也可以写卦辞。

为什么这样说？难道在周文王的卦辞，周公旦的注解，乃至孔夫子的阐释之前，易所包含的精神，它的算法及其科学性就不存在吗？

这是一个非常有意思的话题，荣格的研究帮助我像一个好奇的孩子一样看到了一种可能性。这一章可以说是我对易的本质一些粗浅的理解，请允许我把我的陋见拿出来与您分享。

荣格与弗洛伊德决裂

荣格是一个很有趣的人、现在很流行MBTI[1]，但你知道其理论基础来自谁吗？荣格。

---

1   一种人格类型理论模型。——编者注

也有很多人知道荣格是弗洛伊德最看重的弟子，但是他们俩闹翻了，到底是什么原因？伟大人物之间的矛盾一定不仅仅因为个人的恩怨，而是他们对世界本质的看法不同。

弗洛伊德的主要思想诞生于第一次世界大战以前，当时整个欧洲文明社会正在经历一个这样的过程：科学被绝对化为解释世界的终极真理。

当时所谓的科学指的是用牛顿物理学、数学、化学来解释客观世界。它遵循着某一种逻辑因果关系，可重复，可检验。在某些可控的实验室条件里面，结果在很大程度上是可重复的。

所以在一战前，这一系列可以用数学、物理、化学公式来表述的逻辑，可重复的实验被认为是科学。

这种精神后来蔓延到了心理学领域。弗洛伊德试图用他寻找到的一些假设性的因子来作为解释世界的工具。他认为世界上许多人的精神问题都是因为性受到了压抑，包括童年因为性而带来的其他压抑，也会导致许许多多的问题。

弗洛伊德作为一名心理医生，终其一生都希望成为一名科学从业者，他特别讨厌人们说心理学是一门巫术，他更愿意用各种分析、实验来对精神现象进行解释，甚至依据这些来为病人治疗，听起来，这是如此科学，如此完美。

在那个年代，这种科学精神几乎蔓延到了所有领域，比如用数学、物理学和化学去分析经济、音乐、建筑甚至文学，然后获得一些数据，并进行推演。傅斯年当年就在做类似的研究。

这样的浪潮其实已经蔚为大观，直到今天我们衡量一个人是不是"神棍"，就看他能否用科学的工具，去对万事万物进行分析、解释和预测。

在大部分时候，这是一件有价值的事情。不过，荣格作为弗洛伊德最得意的学生，却在研究过程中逐渐产生了怀疑。

弗洛伊德曾经认为荣格是他的衣钵传人，把他所创办的心理学会的主席职位，他所主办的杂志的主编位置都传给了荣格。弗洛伊德把荣格当作自己的儿子，是如此地爱他，如此相信荣格的天分足以继承他的衣钵。

但是，1912年，荣格和弗洛伊德决裂了。荣格发现人类的心灵，还有集体无意识，是无法简单地用因果律来论证的。这件事情给弗洛伊德带来了巨大的痛苦。

1912年11月，弗洛伊德和荣格在慕尼黑见面，讨论一些心理分析杂志的事情，期间自然就谈到双方的学术观点，弗洛伊德突然就晕倒了，用中医的话来说就是，痰迷心窍，肝火盛旺，命门相火一起涌了上来，足可见冲击是多么大。

观念上的冲突可能引发生理上的严重疾病，由空入色，色不异空，空不异色[1]，你的意识可以决定你的存在，你的心理可以左右你的生理。

在1912年，荣格出版了《无意识心理学研究》，这标志着他和弗洛伊德的彻底决裂。弗洛伊德当时有许多门生和朋友，可以说他几乎构建起了现代心理学大厦。于是，二人决裂后，很多研究心理学的学者都和荣格划清了界限，而荣格的思想和学说也受到了严厉的批评。

心理学家荣格与物理学

荣格很有意思，他出生在一个神职人员世家，据统计，他的8个叔叔以及他的外祖母都是神职人员，他的父亲也是牧师。在1887年的某一天，12岁

---

1   这句话出自佛教的重要经典《般若波罗蜜多心经》，简称《心经》。在佛教中，"色"指的是一切物质现象，包括我们能看到和不能看到的事物和现象，而"空"则是指事物的本质。——编者注

的荣格被另外一个男孩子推倒了，在此后数个月内都会发生间断性昏厥。他的父母四处求医都没有办法，最后他居然神奇地靠自己的意志力自愈了。

所以荣格从小就喜欢从神学的角度去思考问题。他比我们今天的绝大多数人更了解，心理学可以在科学层面上进行怎样的实验，科学和心理学的结合能够到什么样的程度。

但是荣格始终有一种信念，他认为，心理学不止如此。

在荣格深入研究心理学的那段时间，世界物理学迎来了一个非常重要的转折点。在1909年，有一个人离开了伯尔尼专利局，到苏黎世大学物理系任教，这个人叫爱因斯坦。

当时荣格也在苏黎世大学工作，他在1905年的时候，已经成为苏黎世大学的精神病学讲师，也就是说，荣格和爱因斯坦两人成了同事。

当时爱因斯坦所发表的相对论，在物理学界产生了很大的影响。而那个时候，爱因斯坦也常常是荣格晚餐餐桌上的客人。

1910年到1920年，荣格受到了爱因斯坦相对论的启发，他意识到时间、空间可能都是相对的。荣格曾经说："正是爱因斯坦最早启发我开始思考时间可能是相对的，空间也是如此，人的心理状态更是如此。"

三十年后，这一启发促成了荣格和物理学家沃尔夫冈·泡利（Wolfgang Pauli）的交往并推动荣格完成了关于共时性的论文。

这个叫泡利的人，1945年凭借发现泡利不相容原理获得了那一年的诺贝尔物理学奖。在1921年，他曾经为德国《数学科学百科全书》（相当于那时候的专业知乎）写了一篇237页的关于狭义和广义相对论的文章。那个时候的德国是整个世界物理学、数学和其他科学领域的高峰。

爱因斯坦曾经这样评价泡利："任何领域的专家都难以相信这一篇关于狭义、广义相对论的文章出自一位年仅21岁的青年之手。作者在文中显示出的对这个领域的理解力、熟练的数学推导能力、对问题深刻的洞察力、将问题明晰表达出来的能力以及对问题的完整处理和评价能力，会令任何一个人都感到羡慕。"

就是这样的泡利，在21岁就受到了爱因斯坦如此推崇的泡利，在1931年，因为种种问题——母亲的自杀、婚姻的破裂等，成了荣格的病人。这一年开始，泡利长期接受荣格的咨询。荣格和泡利一起对梦进行了记录，泡利也很快参与了对梦的分析。

物理学的一个巨大的突破性进展，就是狭义和广义相对论的提出，时间和空间都是变量，是不恒定的。也就是佛经所讲的"无寿者相"，"寿者"就是时间。

"无我相，无人相，无众生相，无寿者相。""色不异空，空不异色，色即是空，空即是色，受想行识，亦复如是。"[1]这些佛经里讲的道理，在某种程度上都和20世纪20年代物理学的一系列重大突破有关。

虽然现在量子力学似乎被用"烂"了，很多人都说"遇事不决，量子力学"。好像量子力学可以用来解释一切，佛学、心理学被泛化应用，显得庸俗化，但是我们必须要把我们关于时间的观点拉回到那个时期。

那个时期的人们刚刚开始突破了时间和空间的局限性，意识到时间和空间可能发生扭曲，可能发生变形，甚至时间和空间都不一定是真实的。时间、空间和心理之间可能存在某种幽幽的默契感。这一切都是如此巨大地影响着那个时期各个领域最聪明的人。

---

1   不执着于自我，也不执着于他人，不执着于任何特定生命形式或群体，超越对生死的执着。物质现象与空无本质并无不同，空无本质与物质现象也并无不同。物质现象本质上就是空无，空无本质上就是物质现象。感受、思想、行为、意识这四种心理现象也是如此，它们与空无本质并无不同，本质上也是空无。——编者注

如果我没有记错的话，在那个时候，出现了一系列特别具有当代性的绘画艺术作品。比如说西班牙超现实主义画家萨尔瓦多·达利（Salvador Dalí）曾经创作过一幅名画叫《记忆的永恒》，画中出现了像摊煎饼一样耷拉着的时钟。

读大学的时候，老师跟我们讲这幅画时，会说它有多贵，那个时候大家似乎只关心这幅画的价格，后来又拍卖了多少钱，转手的时候又可以暴涨多少倍。

其实大家更应该关注这幅画代表了当时许多所谓的后现代画家，所谓的先锋派、各种意识沉、各种实验主义等流派的绘画尝试：这些艺术作品都不再以取悦人为目的，也不再以画得像为目的。因为照片出现了，照片可以比绘画更像。

绘画走向了另一个高峰，就是表达人们的哲学思想以及思想的深度。

毕加索有一幅作品叫《玛雅和水手娃娃》，在一张二维的纸面上，毕加索画出了一个人的正脸和一个人的侧脸，这代表着视角是可以转移的，三维视角与二维视角是可以在某种程度上重叠的。

只有理解了西方物理学在这一时期的变化，才能理解西方心理学、艺术，乃至音乐、时装等领域的变化原因。

荣格在苏黎世大学的时候，和爱因斯坦、泡利都成了好朋友。我曾采访过申荷永教授，申荷永教授17次去过荣格的家，和荣格家的孩子聊过很多次天。在我看来，他是中国研究荣格最专业的人士之一。

申荷永教授告诉我，在很长的一段时间里，爱因斯坦也曾经邀请荣格帮他做心理咨询，帮他发现他的内在。

当这些伟人去找医生的时候，他们会谈论什么？他们会谈论他们的亲密关系、生命的意义、内在情绪的冲突、梦境的不可控制性，以及他们和那些宇宙深处（如果有的话）的力量之间的连接。

可以说，荣格很早就用他天才的敏锐，捕捉到了物理学最新的研究成果对心理学的影响。当然在这个过程当中，荣格突然认识了另外一个朋友，这个朋友直接点燃了他对东方文化《周易》的兴趣。

卫礼贤为荣格打开《周易》之门

这个人叫卫礼贤（Richard William），他是个德国人。中文名字卫礼贤是他给自己起的。

卫礼贤是一个很有趣的人，他在中国山东这样一个传承着周公旦和孔夫子精神的地方，成了一个深谙中国文化的传教士。他还在山东开办了一所学校，这所学校叫礼贤中学，也就是今天的青岛第九中学。

卫礼贤对中国文化极其热爱，在古文上非常有造诣，他甚至可以用《论语》和《道德经》进行相互注译。他和当时的大知识分子如辜鸿铭、王国维都有非常深度的交流。

这位叫卫礼贤的德国传教士，在中国受到了晚清大儒劳乃宣的深刻影响，可以说是他的入室弟子。卫礼贤还深度研究过中国的心理瑜伽术（气功）。

在20世纪初，卫礼贤回到了德国。在某一次学术会议上，他和荣格相遇了。他向荣格介绍了来自东方的《周易》《道德经》《太乙金华宗旨》[1]，还有

1　《太乙金华宗旨》是道家修身养性的书，教人清心寡欲，做一个有智慧、有道德的人。为明清扶乩托名吕祖所作，与《唱道真言》《道乡集》《大成捷要》《古书隐楼藏书》为明清道家经典著作的代表。1929年，卫礼贤与荣格合作译注了德文版，题为《金花的秘密：中国的生命之书》。《金花的秘密》出版后，轰动欧洲，成为畅销书，后又翻译成英文，畅销到全世界。——编者注

《庄子》和《论语》。

　　卫礼贤说，他看见荣格的第一眼，就认为他是一个中国人，他是一个有着中国灵魂的人，他是"德国的庄子"。

　　而荣格看见卫礼贤的时候，瞬间知道了他苦苦寻找的突破（那些试图打破他的老师弗洛伊德精神分析的方法，以及他从爱因斯坦和泡利那里获得的相对论、量子力学的种种知识对心理学的冲击）居然在遥远的东方，在《周易》那里找到了共鸣，且不是普通的共鸣，而是极其深刻的共鸣。

　　荣格在碰到卫礼贤之前，其实已经看了一些翻译得相当拙劣、支离破碎的《周易》，甚至也用蓍草进行过一些占算的工作。但是当他碰到卫礼贤之后，他才发现原来东方的伟大精神与他灵魂深处强烈的呼喊如此契合。

　　卫礼贤把《周易》带给荣格的时候，荣格深深地感到了震撼，那种震撼不仅仅是心灵上的，也包括身体上的。这种震撼使荣格进入了完全忘我的境地。他开始一通百通地阐述和解释他的一切思想。后来荣格的许多作品都宛如打开了开关的流水一样，哗哗地往外倒、往外流。

　　在卫礼贤的葬礼上，荣格说卫礼贤是对他影响最大的人，也就是说，卫礼贤对他的影响超越了弗洛伊德、爱因斯坦、泡利。

　　荣格到底从狭义、广义相对论、量子力学，乃至《周易》中发展出了一种什么样的关键原理？这个原理又如何回应了我们此前提到的《周易》的第一性原理？可能你会发现，你也可以重写一本属于你的《周易》。

　　就像现在国内新能源汽车大量生产一样，中国一下出现了四五十个不同的电动车品牌，功能也都差不多，性能也不错。为什么？因为马斯克公开了许多关于电动汽车的算法和各种标准，产业链变清晰了。于是，一夜之间冒出了许多做电动汽车生意的人。

　　如果你真正读懂了荣格的理论，你也可以重新注解《周易》，或者说你也会产生一种想要重新理解《周易》的冲动，这可能是我们这个时代的伟大之处。

荣格生活在距离我们遥远的一百年以前，但一百年之后，当我在深夜微弱的灯光下看着荣格对卫礼贤的描述，以及在卫礼贤葬礼上的悼词时，我居然看懂了。

一刹那间，那些打印出来的稿子仿佛散发着光芒，照亮了我黑色的眼睛。那天晚上我特别兴奋，就像被电击中了，在床上辗转反侧，久久不能入睡。正是这个时刻让我决定，我应该可以和大家分享《周易》了。

☷ 梁　注 ☷

- 如果我们不在历史当中真正理解什么是"易"，很可能就会陷入对卦辞、爻辞的考据当中，最后却忘了我们为什么要研究它们。

- 时间、空间和心理之间可能存在某种幽幽的默契感。这一切都是如此巨大地影响着那个时期各个领域最聪明的人。

- 如果你真正读懂了荣格的理论，你也可以重新注解《周易》，或者说你也会产生一种想要重新理解《周易》的冲动，这可能是我们这个时代的伟大之处。

25

共时性与集体无意识

在人类几乎被完全联系在一起以后，

人工智能就涌现了，

这种人工智能不是对人的模仿，

而是对涌现的尊重。

为什么荣格认为卫礼贤是对他影响最大的人？

共时性原理与集体无意识是如何产生作用的？

约翰·霍兰德的《涌现》又和《周易》有什么联系？

超然的非因果

荣格这个人在心理学界的争议很大，由于他年轻的时候和心理学的开山鼻祖弗洛伊德发生了一次师徒间的割袍断义，所以后世主流心理学家基本上以一种漠视的态度来表达对荣格的不关注。

梁某人作为一个"小学生"，自然无法对此进行评价，毕竟主流心理学界有那么多聪明的"大牛"，一定有他们非常充足的理由。我不过是把一些故事和读书笔记与大家分享。

可能在《周易》的精神里，对错不是最重要的，最重要的是你能否在对立的观点里看到统一的可能。

荣格曾经是弗洛伊德最喜欢的弟子，因此无论是智商、情商乃至天分，都不是普通人所能及的。但是他却对弗洛伊德开创的这一套精神分析方法产生了质疑。他开始反思牛顿时代建立的心理分析法，这套方法是基于世界的构想所形成的科学精神衍生出来的。

从文艺复兴到工业革命以来，尼采、牛顿等人都在试图用人乃至个人的主观能动性去解构上帝。人，尤其是单独的个人，成了世界的中心，人的理性成了真理的源泉，于是就有了一种东西叫作意识。

什么叫意识？比如，你知不知道你现在正在读《周易的野心》，而且《周易的野心》以讲故事的方式引入正戏？如果知道，那知道你正在读《周易的野心》的这个意识就是你的意识。

但是你相不相信，在你清醒的意识之外，还有一些无意识？

在我看来，最有趣的关于无意识的体验就是一见钟情。你我可能都有过类似的经历。有些人明明很漂亮，家教也好，可是你不爱她，也没有一见钟情。有一些人甚是普通，但是你也不知道为什么就爱上了她。

那么这些你的意识之外的莫名其妙的无意识是怎么来的？它有因果关系吗？可能有，但是可能超越了我们的认知。那些因果关系要站在上帝的视角，或者站在一个他者、外物的宏观视角，我们才能看得见。

比如，尹烨老师曾经给我举过一个例子，他们在实验中对小白鼠进行电击，经过若干次的电击之后，就让这个老鼠生小老鼠。几代以后的小老鼠连电击器具都没见过，可一旦碰见电击器具还是会瑟瑟发抖。

如果你站在人类的角度去看老鼠，你也许能看到因果，但是站在老鼠的角度，只能感到莫名其妙、没由来的害怕。

同样的道理，当我们站在一个人的角度，对于我们意识以外的那些因果是否存在，或者是不是以别的方式存在，我们是不知道的。也许有因果，也许还有比我刚才举的那个例子更加超然的非因果的东西存在。那这个东西是什么？

共时性原理

荣格对于《周易》的所有理解都来自共时性原理。他和诺贝尔物理学奖获得者泡利经过多次研讨，以泡利的梦境和生存体验为基础，当然也包含了荣格与爱因斯坦的交流提出了一种理论，叫作共时性原理。

两件事情几乎同时发生，彼此之间看似没有关系，但是世界是否存在着有意义的偶然？在荣格那里，他认为是可能的。

如果你是一个在计算机行业工作的人，或许更能理解荣格所讲的这种相关性。前些年很流行大数据研究，大数据研究的核心逻辑就是，世界除我们意识得到的因果关系之外，还有所谓的相关关系。

可能在小的范围之内，在某一个区间之内，你很难理解事物彼此之间的因果性，但是它却总是以一种奇怪的伴生性出现。这个时候你就不得不好奇，为什么它们会以这样偶然的方式呈现？这样呈现的背后有意义吗？如果有意义，它指向什么？

在荣格那里，共时性原理其实是把物理和心理进行了更加彻底的打通。他认为此物与彼物之间的共通关系，可以借由我们的意识进行连接。

我认为《周易》的六十四卦其实在某种程度上就是六十四个场景，或者六十四个元宇宙故事，它或许讲了龙的故事，或许讲了马的故事，或许讲了老虎的故事，又或许讲了两人谈恋爱的故事。这些独立的、看似无关联的故事，这些记录片段，被周文王写进了他攻打殷商的日记里。

当我们在占卜的时候，以偶然的方法得到了某一个卦。那么，这个卦里面的场景、故事和当下你关心的问题之间靠什么来连接？就是你的意识。

当你用你的意识把它们连接在一起的时候，你就发现你正在经历的故事，和那个你随机获得的场景故事之间形成了某种类比关系。

其实不仅仅《周易》如此。在很多时候，我们都会发现，你可以借由某些有暗喻性质的东西，帮助你去参透内在真实的想法，它甚至可以帮助你看清你没有看清的部分，并给你发出某些奇怪的警醒。

有意义的偶然

在荣格的著作《共时性》里，他将共时性概括为两件或者多件事件的"有意义的偶然"。

作为经验主义者，荣格察觉到他所关注的一些同时发现的巧合事件，无法用因果律来解释。他说，共时性是非因果的，和"感通"[1]一样，在平行事件之中，有一种普遍的意义存在，因此它有非因果的秩序安排。

我实际上倾向于，狭义的共时性只是一种普遍的非因果的秩序安排之特例，即心理与物理过程的等同效应，而观察者恰好处于能够看到第三参照系的幸运位置。

这段话太适合夜间助眠，我们慢慢来理解。

荣格提到有一种有意义的偶然是，观察者的心灵状态与物理状态和内容相对应的同时，发生了客观的外在事件的巧合。

比如有一次荣格的一个病人跟他说，自己昨天晚上做了个梦，梦到有一个人拿着金龟子一样的宝石来送给自己，那种宝石有一种碧绿的颜色，非常漂亮。当他说到这个梦境的时候，荣格回头一看，发现一个昆虫"啪"的一声撞在窗台上，正是一只金龟子。

1　出自《易·系辞上》中的"感而遂通天下之故"。旧时以为心诚能与鬼神或外物互相感应。《北史·孝行传序》："诚达泉鱼，感通鸟兽。"——编者注

于是荣格捉住它拿给这个病人。病人说："天哪,怎么我昨天晚上梦见的场景,今天在和您聊天的时候出现了。"荣格说,这就叫作"有意义的偶然"。

自洽:所有偶然都充满意义

当一个人连接到这个有意义的偶然以后,他就像进入了一个奇怪的时空隧道,发现自己和很多东西之间都完成了自洽。也就是说,当一个人开始接受许多在他的个人主观意志上不能接受的事情时,他的病就好了。

现代人的病的根源都是"不应该",你得到的这些苦难和你所不理解的事情,与你的因果逻辑不符,于是你就开始冲突和痛苦。当你抛掉了自己的因果律,抛掉了自己价值观的简单判断、逻辑推理之后,当你愿意站在一个第三者的视角去看待自己的生活和命运的时候,你就突然发现自己对一切都释然了。

你就像看见了那一只被电击的小白鼠,你就像一个心理医生,看见了一个病人昨天晚上梦见的东西在今天呈现出来,于是你就自洽了,你突然发现那些在你的逻辑里面不合理的东西,在更高的维度或者是更广的视角上,它们是有关系的,它们是共存的。虽然你还不知道因果关系是什么,但是你相信它是合理的。于是你的病就好了。

这突然让我意识到一件事情,那些好人或者执着于做好人的人,那些兢兢业业去做好人的人,都不长命的一个很重要的原因就是,他对命运给他的或他所不理解的东西产生了强烈的抵抗,但是他却不知道该如何对抗。就像堂吉诃德对待风车一样,他无从下手,而且那个风车是无形的,最后他只能自己跟自己打架，把自己打得伤痕累累，自己在自己的战场上阵亡。

所以荣格作为一个心理医生，帮助病人释然的一个很重要的方法就是让病人打破对因果律的执着。换句话说，就是"凭什么就不应该，这世界哪有什么应该不应该，全是活该"。活该的意思就是，在宇宙当中活着活着，他就自洽了，他就"该"。

荣格说，科学可能分成两种：一种是基于因果律的科学，一种是基于相关性、共时性的科学。也许三千年以前乃至五千年以前的中国人，发明或者传承了这样一种隐秘的科学思维方式。

不过坦白说，如果你能够理解荣格的这句话，你就更能理解为什么中国古代那些厉害的文章都不是推理的。黑格尔、海德格尔、维特根斯坦等人的著作都是一层一层，逻辑很清晰的。但庄子、列子、孔子的内容都是由此及彼的、较零散的。看到某个故事，才会想到某一点。

在中医的理论中，桂枝尖，即桂枝最远端、最末梢的地方，被认为能够改善人的末梢微循环。事实的确如此。你要是去火神派[1]那里开方子，他开桂枝尖，你就知道一定是你的微循环不好了，现在很多的药理学也证明了这一点。

我曾经采访了一位北京师范大学讲复杂性科学的老师，他跟我讲，世界上有一种遥远的相似性，事物和事物之间的那种相似性，有时候会让你都不能理解为什么它们就那么像。

荣格认为，正是有所谓的共时性原理，所以没有偶然，世界的所有偶然

1　火神派是中医学中一个重要的流派，由清末四川名医郑钦安创立，其理论强调"阳主阴从、以火立极"，在临床上长期及大量地使用温热性药物，尤其是对附子的应用，更是推崇备至。火神派以注重阳气，擅长使用附子而著称，具有十分鲜明的学术特色。——编者注

都充满了某种意义。哪怕时间有错位。因为时间是个变量，所以你也可以在遥远的今天与一万年前的某一个人产生心灵的共振，那一刻你们也能够心意相通。

集体无意识的涌现

荣格还有个非常重要的观念，叫作"集体无意识"。他认为集体无意识是人们在无意识过程中相互连接，甚至在一些没有意义的连接过程中涌现出来的一种高于个人意志的存在。

涌现理论奠基人约翰·霍兰德（John H. Holland）在他的作品《涌现》[1]中指出，一粒小小的种子能够长成红杉树，蚂蚁个体的行为很机械，蚁群却能展现出非凡的灵活性，这些现象都揭示了一个规律：复杂的事物是由小而简单的事物发展而来的，而这正是涌现现象的特征。

涌现现象产生的根本原因在于，事物各组成部分之间相互作用产生的复杂性，远非个体行为的叠加可以相比，也就是我们常说的"整体大于部分之和"。

当一群马聚在一起的时候，这群马就像一个生命一样，一群蜜蜂也是这样。我常常说，可能蜜蜂不是生命，一群蜜蜂才是。那么我们每一个人的每一个细胞，可能单独来看都只是遵循着它自己的条件反射，是很基础的反应，但是它汇聚在一起，就涌现出了一个人的思想。

那么如果所有人就像细胞一样被连接在一起，它又会不会形成一种高

1　《涌现》是涌现理论奠基人、"遗传算法之父"约翰·霍兰德关于涌现现象的奠基之作，该书中文简体字版已由湛庐引进，浙江教育出版社于2022年出版。——编者注

于个人的共同的思想呢？我们将这种共同的思想称为"互联网大脑"。在人类几乎被完全联系在一起以后，人工智能就涌现了，这种人工智能不是对人的模仿，而是对涌现的尊重。

我相信在未来会有越来越多的人能够理解这个观点。

有一天，我采访刘慈欣和吴恩达两位先生，我实在不知道该问这两位什么问题，我就问刘慈欣："如果给你一个机会采访吴恩达，你会问吴恩达什么问题？"刘慈欣就说："请问吴恩达先生，未来的人工智能会模仿大脑吗？"

吴恩达认真地想了一会儿说："大概不会，它会高于人。"

就像一辆自动驾驶的车在路上行驶，不仅仅是因为它有雷达、激光，就像人的眼睛能看见旁边、前边、后面、左边来的车，而且这个车还同时受控于电线杆上的摄像头、红绿灯上的摄像头、其他车的摄像头，还有所有车汇聚到后台的大数据，所有这些不同维度的东西全部融合到一起之后，决定了这个车在当下的前进、后退、左转、右移。

所以这个时候对一辆车的控制已经不再局限于人的视角，而是一个综合的全息视角，一个全然数据的结论。这个全息视角某种程度上就像荣格所说的那个集体无意识一样，只要联系在一起，就会涌现智慧。当然它也会涌现出一种超智慧的野蛮，就叫作"乌合之众"。

有一年我采访南京大学的周晓虹教授，他是一位著名的人类学家和社会学家。他说当一群人处在一种癫狂状态，互相连接、彼此影响之后，就会产生一种高于这群人的共同意志。一个新人进入这个集体以后，会莫名其妙地受到来自这种集体意识的反向控制和影响。

还记得我们说周公旦做过什么吗？周公旦当年做了一件很重要的事情，就是把人与他想象中的祖先和神之间的契约改成了人与人之间的共同契约，就像中国版的"旧约"到中国版的"新约"。后来孟子把这个精神发展下去，叫"天人合一"，这里所说的天其实就是人的共同意志，这种共同意志几乎存在于所有群体中。

这也是孟子"民为贵"思想的源泉。孟子所说的民，并不是一个一个的个体，而是许多个体的合和体，就如不是蚂蚁，而是或窝里的蚂蚁生命共同体一样。

茅台酒就是不同菌群聚合在一起后，产生的"集体无意识"的体现。一杯好酒是这样，一瓶好的酱油是这样，一种好的企业文化是这样，一个时代的集体是这样。所以几乎每一个被组织在一起的集体，都会涌现出集体无意识，而这种集体无意识具有超越个体的智慧和能力。

而面对这种涌现出来的"合和的神"，你必须学会尊重。凯文·凯利（Kevin Kelly）在《失控》中有非常精妙的描述，这也成为互联网和人工智能时代关于神的新式隐喻。

让我们再重新想一想，一群没有受过任何教育、没有上过蓝翔技校的蜜蜂，是如何把一个蜂窝修得既通风又抗震，还能恒温、恒湿的，这是多么伟大的成就，任何一只单独的蜜蜂都做不到，但是一群蜜蜂就做到了，这就是它们的集体无意识。

《周易》可能是这样的一个作品，它在开始的时候就向共时性原理和集体无意识致敬。同时，《周易》的整个历史也是共时性原理的体现。历朝历代最聪明的人都把自己的智慧贡献进去，不断地丰富《周易》。

≡ 梁 注 ≡

- 你可以借由某些有暗喻性质的东西，帮助你去参透内在真实的想法，它甚至可以帮助你看清你没有看清的部分，并给你发出某些奇怪的警醒。

- 当你愿意站在一个第三者的视角去看待自己的生活和命运的时候，你会发现那些在你的逻辑里面不合理的东西，在更高的维度或者是更广的视角上，它们是有关系的，它们是共存的，于是你就会自洽了。

- 几乎每一个被组织在一起的集体，都会涌现出集体无意识，而这种集体无意识具有超越个体的智慧和能力。

26

《周易》诞生的秘密

君子之所以不占，
是因为他知道选择任何一条道路，都是正确的道路。
选择任何一条道路，也都是错误的道路。

为什么说世界是一个整体，甚至这个世界都不一定是由物质构成的？

在语言发明之前，人类是如何交流的？鱼之间如何沟通？

植物为什么能在同一天开花？

为什么说《周易》的产生，很可能不是推理的结果？

还未发生的早已发生

我们在上一章讲了共时性原理，"共时性"这三个字会产生一种误导，好像时间是一个精准的刻度，这恰好是一个最关键的误会。荣格长期和泡利、爱因斯坦在一起，他几乎完全理解和接受"时间的相对性"。也就是说，时间是个变量。

我们每个人都觉得，时间是个常量，一分钟就是一分钟，一分钟就是六十秒，一秒就是"嘀嗒"一下。但其实在某些特定的条件下，比如说超过光速的情况下，时间可能会逆转，就不再以我们的体验为准了。

现在越来越多的人都了解，在太空上感受到的时间和在地球上不一样。一旦意识到时间是个变量，是一个可能不那么刚性的东西，共时性原理的内涵就一下子被打开了。

其实荣格讲的共时性原理，在梁某人的理解里，就是没有时间存在的共存。这个世界有多少亿光年，星球与星球之间有多少亿光年，宇宙大爆炸了多长时间，分子和分子之间有多少纳米的距离。这些都是在时间和空间的概念下得到的结论，这是主流的科学。

但是在相对论里，也许这些结论都不一定是真实的，或者都不一定是刻意的。于是两个完全不相干的事情在一个更加宏大的、超脱的角度——用佛教的术语说是"究竟"，看它是一件事，因为它本身就是一件事，所以它们的相关性是必然的。

我们常说"同体大悲"，我们不过是彼此之间的投影。"前世今生"这个词暗示我们，一定存在过去一百年前怎么样，一百年后怎么样，这是个错觉。

就像我发了一个电影的文件包给你，你用一个播放器去播放，看了一小时四十分钟的电影，一个故事就看完了。但如果你站在数值的角度上来看，第一秒画面的数值和最后一秒画面的数值之间有时间序列关系吗？它们谁在先谁在后？如果你快放这部影片，还是这堆数据，答案又会是什么？

所以《周易》的观念不仅仅是共时性的观念，**从本质上来说，是认为世界就是一件事，每一卦都是这件事某一种文学化的、故事化的表达。**

为什么说世界是一个整体，甚至这个世界都不一定是由物质构成的？世界可能是物质与波的瞬间切换态构成的。我们有了关于物质的概念，于是看见了物质，我们有了波的概念，于是感受到了波，这叫"波粒二象性"。

以我的理解，共时性原理更应该叫"**共体性原理**"：我们都是一个整体，这个整体以一种有形、无形、有限、无限的方式被隐秘地整合在一起，而且我们感受到的时间流变可能只不过是我们的错觉。

《奥义书》里说"**还未发生的早已发生**"，大概就是这样。

很可能在遥远的从前，我们的祖先在不同时候都隐隐约约地提出了这样的猜想：很可能这个世界的时间和空间，是被浓缩在一个点上的，并没有过去、未来、现在；空间也没有远处和近处。

因果的本质

我想起了曾采访过一个特别有意思的奥运速滑冠军高亭宇，一个酷酷的年轻人。我问他："你在速滑的时候，进入到自己的那个境界里的时候，你体会到了什么？"

他说，当他真正进入那个境界的时候，他能感受到冰刀上半根乃至十分之一根头发丝的变化和差距，他感觉到自己是完全融入那个世界里去的。他知道只要在滑，他就是冠军，甚至他还没有滑之前就已经知道结果了。

他说，那种全然感，那种没有敌人的感觉，那种只有自己在跟世界完全连接的感觉是如此的美妙，以至于他比赛完拿了冠军之后，停下来的若干分钟里，他感觉口水是甜的，他感觉每一个人都跟他是相联系的，他感觉什么事情都是对的。

我很诧异，显然他体会过了那种所谓的巅峰状态，那是任何一个伟大的运动员应该都体会过的状态。就像中国古代的禅师所说的那种法喜充满的状态，那种四禅八定、物我两忘的状态。

所以我有个猜想，《周易》是最早的时候，乃至周文王以前更早的人，比如伏羲，还包括历朝历代不同时期的人，那些让自己的生命全然进入了某一种独特状态里的人，那些人都感受到了：世界就是一仵事。

一则禅宗公案里说，一个将军之所以打胜仗，是因为他死了以后埋得很好。当然不是真的埋得很好，而是禅宗公案用这种荒诞的故事告诉你：你以为的因果只不过是你的逻辑游戏下的产物。世界可能不仅仅是这样，有许许多多看似不经意的偶然，放到更远处，你才能理解它在历史深处的意味深长。那些未来的结果，你怎么知道不是过去某件事的原因？或者，根本就不存在先后次序和原因。

就像和我一起创作"梁品周易"系列的杨教授，她是川大的心理学教授，也是我太安私塾的学生。

她之所以能够和我一起合作，是因为某一次很偶然的机会，她碰到了一位以前在阿里巴巴工作的资深员工。那个人是我私塾的学生，正好他到成都上我的课，正好那一天他也在跟杨教授聊天，于是邀请她来旁听了一次课程。

后来杨教授就成为我的新一届太安私塾的学生，然后莫名其妙地提到了《周易》，莫名其妙现在和我一起工作，来做这件可能我这一辈子最重要的事情。

杨教授怎么会从和那个同学一通没有意义的聊天，就变成了今天坐在这里和我一同创作"梁品周易"系列？

有时候，我并不确定是因为她以前上了我的课，所以和我一起创作"梁品周易"系列，还是因为她要和我一起创作"梁品周易"系列，所以之前来上了我的课。又或者，这些因果都是我的意识的故事化产物。

所以，**许多看似不经意的偶然事件，放在将来若干年之后，它的意义才能真正呈现出来**。而《周易》不过是一些伟大的智者萃取出来的一个又一个的故事模型。这些故事模型刚开始的时候甚至连故事都没有，只有图案，甚至刚开始的时候连图案都没有，是图案前的一种状态，是没有图案的状态。

在六爻六层的关系都没有的时候，这些人感受到了一种交流。就像高亭宇说，他在进入极致状态时，在备战奥运之前的二十四小时里，他和他的教练根本不说话，互相对看一眼，就能知道彼此想传达的东西。

人和人之间传递信息，人和物之间建立交流，有些时候是降维成了语言，那是不得已而为之的事情。没有语言能不能交流？不用文字的形式能不能交流？

在开始的时候，我们只能靠书写文字来交流。后来有了微信，你不用写字，可以只通过一个表情包来交流。很多时候，一个表情比一段文字能更深刻、更鲜活、更完美地表达你想表达的内容。你也可以发一首歌来表达，也可以转发一篇你搜到的论文来表达。

也许在发明语言之前，人类作为一种物种，彼此之间有一种更隐秘的交流方式。如果你去观察鱼，你就可以感觉到鱼和鱼之间是怎么互相了解的，它们是如何形成共识的。如果你去观察树叶，你可以感觉到树叶和树叶之间是怎么交流的。

有一天我在一个朋友家的花园里看花，这位朋友突然说了一句很有意思的话，他说："这些花不管是在阴面还是阳面，不管是前院的还是后院的，居然在同一天开了。"

按道理说，它们受到的阳光不一样，为什么却能在同一天开？而且花只开一天，它们怎么就能够如此精准地在这一天开呢？它们彼此之间是怎么达成共识的？它们之间有语言吗？

万物皆有灵

荣格很可能在他超越语言、超越科学的尝试过程中，甚至在他童年时期被别人推倒之后，不断晕厥又不治而愈的过程中，以及他的家里那么多神职人员的DNA当中，还有他和卫礼贤的交流过程当中，感受到了有一种东西，这种感受、这种快乐，体现在了《论语》的那句话中，那句话叫作"学而时习之，不亦说乎？"

在古代，通信不便，一个从远方来的、你从未与之交流过的朋友，他说的话恰好是你昨天跟另外一个朋友说的话，你会产生一种什么样的情绪？一个十年没见的朋友，来跟你讲他最近感受到的快乐，他用的词都是你昨天才跟别人讲过的，你会是什么样的感觉？这个感觉叫"乐"，所以"有朋自远方来，不亦乐乎？"

之后慢慢降维，我们落入了概念的框架，落入了对错的框架之后，就有了好坏的分别，就不能够心意相通，不能够随时拈花一笑。于是就有了不理解，就有了"愠"。一个君子能够理解别人不理解自己是非常有涵养的，所谓："人不知而不愠，不亦君子乎？"

所以不要低看了孔子，孔子很可能明白了共时性原理，他只能用这种看似漫不经心的"散装"对话来表达。他的弟子曾子也理解了他的老师，所以才把这三句话放在了《论语》的前面。

整个《论语》讲的都是你是否能够借由一种称之为"仁"的状态，以达成仁者无敌的境界，这个"仁"其实是一种广泛的与万物相连的同频共振。什么叫"仁者无敌"？就是你突然发现你跟你的敌人之间是共生的，你的敌人就是你的朋友。

这种"原来我们本来就是一体"的感觉到后来才感受到，如果能够前置理解这种感受，这种教育就叫"大人"的教育，这叫"明德"。

荣格的共时性原理，可能是他处于恍兮惚兮的状态下创造出来的。

荣格晚年撰写的《红书》，写出来很久之后，荣格都没有发表它。后来他的孙辈经过家族的共同会议才把《红书》发表出来。

在这本书里，你看到的都是没有清晰逻辑的片段，各种曼陀罗式的花纹，荣格自己手写的汉字。如果你打开《周易》的图对照来看，你甚至可以隐隐约约看到《周易》的排列里有曼陀罗花的感觉。

所以在恍兮惚兮的状态下，全息下载下来的东西，可能广泛发生在很多古人和动物身上。

有些动物有一种奇怪的智慧,它没有上过课,没有受到过九年义务教育,也没有计算机,它怎么就有了生存的智慧?仅仅是基因学就可以解释吗?不一定。

"万物皆有灵"是一个假说,因为我们现在无法用科学去严密地论证,所以我只能说我对这一切,都只不过是一个好奇的人对他的好奇进行的阐述而已。

开悟的人,说不出话

荣格把共时性原理,还与他另外一个非常重要的学术理性体系——集体无意识结合到了一起。

集体无意识是什么?同时活在一个地方的人是个集体,那请问,你和你的祖先是不是一个集体?列祖列宗既消失了,又没有消失,他们仍然以各种方式存活在我们现在生活的这个时空里。

比如他们的DNA流传在我们身体里,他们发明的文字被我们看见,他们所创作的诗歌被我们传诵,他们那个时候制作的乐曲,我们现在还在演奏,他们研制出来的东坡肉的做法,让我们今天仍然能够感受到东坡肉的美味……这一切就是过去、未来,前、后、左、右,也就是说时间、空间的折叠。

当共时性原理和集体无意识原理被放在一起之后,形成了一个荣格心灵的秘密花园,这个秘密花园就是,原来世界可能本来就是一体的,它没有过去、没有未来,没有你、没有我,我们看见的一切,都是我们后来的知识创造出来的逻辑、感知、习惯捕获的。我们捕获的只是我们能捕获的那一部分，但有远远比我们能捕获的更多的部分。

因此，一个开悟的人，一定是一个说不出话的人，一定不是像梁某人这样的人，他一定是说不出话的，因为他一定会语塞。

因为所有东西是同时涌现的，而语言这种工具，最大的优点是能够有逻辑地表达，最大的缺点是它必须按照一个时序来表达，但重要的东西是没有时序的。所以老子才说："名可名，非恒名，道可道，非恒道。吾不知其名，强名曰道。"

荣格和卫礼贤把"道"翻译成meaning，即意识、意味、况味、意义……我觉得他可能是用他的方式讲一个东西：不仅是过去、现在、未来是一件事，左、前、后、右是一件事，你和我是一件事，连物理和心理都是一件事，物质和意识也是一件事情。

所谓的"物我两忘"，就是不再是区分物质和意识之间的界限。

你现在有没有感觉到自己身体哪里痒了？现在安静的你，能感觉到哪里痒吗？你或许会说"有"。有人觉得左手有点痒，有些人说他的鼻尖有一点痒，有人觉得他的后背有点痒。

为什么之前你不觉得痒，我说后你就觉得痒了？

大概读完这几句话，有的人已经开始挠痒痒了。一句话，居然产生了生理的反应。所以"痒"这件事情是特别微妙的真理的甜品，几乎可以用"痒"来解释世间的一切。

《周易》并非推理的结果

正是基于这样的一个背景，《周易》是那些圣人们不得不做的一个低版本框架，六十四个故事，六十四种图案，以及一些相关的道理来帮助我们去点状地描绘这个世界。其实对《周易》最大的尊重就是忘记《周易》。

因为《周易》的产生，很可能不是推理的结果。当你意识到《周易》不是一个因果律的时候，你再理解"君子不占"这句话，你就知道一个君子要做什么决策，只有一个原因：他清楚地知道自己要成为一个什么样的人。

或者还有一个更高级的表述：真正的君子是无所谓的，给这个也好，给那个也好。就像邵雍，他在去世之前说，我想去看一看世界是如何变化的。他完全不对自己的命运有什么推论。

君子之所以不占，是因为他知道选择任何一条道路，都是正确的道路。选择任何一条道路，也都是错误的道路。所以我认为最高级的一句话就是"不存在"。

四川人经常说"不存在"，你对我好，我也不存在感谢；你对我不好，我也不存在愤怒。这是君子。

所以还要占卜干吗？占卜只是一个大家没话说的时候，随意好玩的游戏而已。

古今中外的易学大师都有一个特别有意思的特点，他们帮人看一些东西，给人们一些建议，往往是基于同情和鼓励，而不是生存所迫。

能做大事的人一般都是这样。至于他们生存，这不是一个问题。如果你真的成为大师了，你就不需要考虑生存。有一些很想成为大师的人，会帮助这些大师生存得很好。

就像邵雍，一辈子不干活，他也活得很好。就像苏轼的父亲，四十岁了才突然想起去考取功名，那四十岁之前他在干吗？他都在玩。李白也是一辈子都在玩。但一点都不妨碍他们成为伟人。

因为有一些和他们差不多的人，知道他们的伟大之处。他们比别人更早知道，你成为伟大的人的主要方法，就是be yourself（做你自己）。

所以从某种程度上来说，今天我们看到的《周易》的图像，只是其中一个版本而已，是圣人或者那些真人对这件事情的一种表达而已。只是因为幸存者偏差，这个版本被我们现代人看到并流传了下来。可能当时有几万种算法，作为那时还没有进入主流算法界的大神，周文王学到了其中一个版本。

但这不重要，因为既然每一种版本都是对的版本，都是指向宇宙深处的版本，那就无所谓了。但是如果你执着于这个版本，执着于一定是这样或那样，那你就离意义很远了。

现在物理学有很多实验是讲如何通过对未来的改变来改变现在的，我们现在也可以改变过去。其实改变的并不是过去，而是对过去的看法。你的看法改变了，事情就改变了。

所以意识、想象力、创造力，这些我们称之为精神的东西才是创造价值的最大源泉。

如果你还有兴趣了解更多内容，我会在《周易有答案》为你解读每个"平行宇宙"的各个卦象，帮助你洞见更多的宇宙运行规律，成为一个"容易"的人。

☰ 梁　注 ☰

- 《周易》的观念从本质上来说，是认为世界就是一件事，每一卦都是这件事某一种文学化的、故事化的表达。

- 你以为的因果只不过是你的逻辑游戏下的产物。世界可能不仅仅是这样，有许许多多看似不经意的偶然，放到更远处，你才能理解它在历史深处的意味深长。

- 君子之所以不占，是因为他知道无论选择任何一条道路，都是正确的道路。选择任何一条道路，也都是错误的道路。

后记 ｜ 读《周易》就是诚者先知

每个人都对自己的命运充满了好奇，这大概是人类最恒久的好奇。

大到家族和人生话题，小到当下的一个偶然事件，今天发生的事情、遇到的人意味着什么？我们该如何决策才符合生命河流的方向，才能够趋吉避凶？

我们到底该如何从经典，比如《周易》里获得灵感，回到正确的命运齿轮里？

预测未来是一种特异功能吗

高岛吞象是日本的一个易学大师，在他的时代已经有了报纸，所以他的很多预测被登载在报纸上，保存了下来。他曾经成功预测了伊藤博文被刺杀的经历，这个案例我们在书中讲过。

在他终生学识的凝聚之书《高岛易断》里，高岛吞象提到过一句话，他说他发现，占卜的时候，最重要的事情就是要屏气凝神，安静下来，让自己的心足够澄澈，然后才能起卦，才能够洞悉真相。

诚可先知，一个有极致诚意的人，就有预测未来的能力。

这听起来很神秘，但我们可以如何解读这些现象呢？

其实知道别人怎么想，知道事情的未来趋势，并不是一件罕见的事情，我们在周围的人身上也能看到，比如很多女人的直觉就很准。

我们自己也有类似的经历，比如在一个饭桌上，不需要经过什么严格的推理，你就能觉得，这个人可以和你成为好朋友，另一个人会给你带来麻烦，要避而远之。

有时候，当我们处在内心干净，整个人生命状态比较敏捷的时候，你大概也能感觉到旁边的人当时的心情，或者对某些事情有预判的能力。

所以我想，这可能不是所谓的特异功能。就像有很多动物，它也知道什么对它好，什么是安全，什么是威胁。

我常常会观察婴儿，或者小猫小狗在一些朋友家里的状态。我遇到过好多次，某些婴儿到了一些朋友家里大哭大闹。后来他们请风水师来，说这个地方不好，其实有可能是缺氧，阳光不足，或者阴冷寒凉。

作为一个学医二十多年的人，我觉得这并不神秘，因为这就是动物的本性使然。从婴儿到小动物，还有我们自己，在某些澄澈的状态下，都有这样的能力。

你早已拥有所有答案

某种程度上来说，《周易》更像是你在高度集中精神，高度澄明状态下的一个心理反射练习。

不相信的话，你可以做另外一个实验。

你可以把书合上，让自己安静下来，深呼吸，尽可能让自己专注，安静一会之后，心里认真想一个问题，想好了吗？

这个问题越清晰，越代表你的真实想法和疑惑。然后你来看我给你的这一卦，是不是完完全全地解答了你的疑惑：风吹草低见牛羊。

这句话会在你真实看到自己的问题的时候，与你内在的想象，内在的连接，结合在一起。你也许会想，这句话能适用于每个读这本书的人吗？在我看来，这句话貌似通用，但对当下的你，就是有意义，就是值得信任。

因为你知道答案，你只是需要一句话，这句话就像镜子一样，安静地立在那里，让你的意识去碰撞它，去折射它，云反射它，再弹回来，让你看见你的愿望。

因为你处在澄澈的状态，当你在内在世界对你的欲望、恐惧进行审视的时候，回应你的那一句话，就是你内在的洞察。

可以说，这可能才是一切事物的真相。佛说，我心即佛；物理学家说，我心即宇宙。宇宙的客观世界是一回事，对这个客观世界的解读是另一回事。

尤瓦尔·赫拉利在《智人之上》中说，什么是信息的本质？就是那些能够让事物连接在一起的意识。它无所谓真假，也无所谓好坏。

在这个世界上，真假、好坏其实是相当主观的。因此，就算有一个客观世界，对于你而言，这个世界仍然是主观的。起码是合观，就是客观世界与你主观世界的合相。

所以，当我们面对卦辞的时候，你可能更需要有一种人工智能时代人应该具有的本领，就是如何提出一个好问题，或者如何提出一个真正的问题。

大家面对同样的人工智能工具，为什么会创造出完全不同的作品？

在这个时代下，答案可能不是最重要的。你对世界有什么样的假设，你的内在世界观有什么样的价值判断，你对什么关心，你害怕什么，你想得到什么,你的逻辑链条是什么,这些东西才构成了事物的本质,而那个答案,无非是你的问题的回旋镖。

答案早就有了,一直在你心里。

所以,你认为这是一种祛魅的过程,还是一个重新发现自己见地的过程?这相当有趣。

从迷信到德性

除了问个好问题,我们在面对"易"的时候,还有一个很有意思的心态的建设过程。

我们都说原文的卦辞,是周文王为这六十四个图腾取的名字,写的六段或长或短、有无数种注解可能的文字。但是下面的"象",被认为是周公旦、孔夫子等后人所做的道德化的注解。

比如坤卦,在坤卦的前六爻里,几乎没有一句提到要包容、宽厚、等待,它讲的是,冬天河流结冰的时候,整个被河流分割的大地,突然连成一体,这时候你就可以骑着马过河,去远方,叫"利远征"。

你看到周文王写下的坤卦的卦辞,对比周公旦后来写的"地势坤,君子以厚德载物",你会怎么看待这件事情?

三年前我开始做易注的时候,我隐隐地认为,前者叫"天子易",后者叫"君子易"。前者是创业家心态,后者是打工者心态。

但后来随着我的深入学习,我的观念又改变了,尤其是有一天我在看央视对巴菲特的访谈,巴菲特说,他真的无法预测明天的股价,所以他从来不预测股价,只按照他的原则去投资,寻找安全边界,寻找护城河,寻找长期价值，认真看清楚公司的内在财务价值以及长期可持续性。

如果你读周公旦和孔夫子做的"象"，会发现其中反反复复在说几个东西：**要坚持，要宽厚，要等待，不要放弃；环境好的时候要保持警惕，条件不好的时候要保持信心**。本质都是这些问题，这很可能是人生的交易策略，这就是他们的交易原则。

我们其实无法对人生的任何事情做出预测，你看八字看得再好，也有这个时代的共业。在古代，十串钱能够收买一个部落，今天你可能面临通货膨胀，或者通缩螺旋，你的八字和邻居完全不同，但是你们面临的股票的损失几乎是一样的。

很可能孔夫子发展出了一套人生"交易策略"。这个策略就是努力做好当下本应该做好的自己，对于结果，保持乐观的期待。这就是他的价值观。

当你对"易"的认知从迷信转变为德性的时候，已经超越了绝大部分的占卜师。

原来人生可能真的不需要过多的预测，尤其是今天出门的时候应该穿什么颜色，应该先迈左腿还是先迈右腿，还是选择幸运数字，或者与哪些星座的人多交流，这些都不需要消耗你太多的算力，这可能有用，但没那么重要。

这时候你才理解什么叫作"君子不占"，才理解为什么巴菲特不太愿意去预测明天的股价。那种每一个交易瞬间或涨或跌的价格，除了让人心发狂，让你理解人生的无常外，几乎没有任何意义。

所以我们在读"易"的时候是在读什么？除了读它的文本，还要读它的生命演化史。

这个生命演化史，就是**从偶然的一两个字的联想，那种带着某种投机主义心态的练习，进而发展出一套成熟而稳定的品德策略**。

任何好事都可能转化成坏事，任何坏事都可能转化成好事，任何时候都不要放弃你的努力，任何时候都可以比你现在的样子更温和和乐观。

一个谦虚而坚韧的人，不仅仅是教养的结果，更多的时候是智商发展到一定程度的结果。这就是我常常跟大家分享的，从迷信到德性的真实原因。

人生最重要的事

但是我想很多人还是愿意用有趣的方法，获得某些关于未来的有价值的回应。我也是这样，我仍然会在很困难的时候，需要做决定的时候，翻开易里的卦辞、爻辞，为自己的犹豫，给予某种建设性的暗示和指引。

但在这个时候，我想我会花更多的时间，去专注、安静下来。当一个人，用笨拙的手去拨开占卜的签子，把签子夹在手上，又怕夹错了的时候；当一个人，做着深长又迂缓的呼吸，数着自己的脉搏和心跳的时候；当一个人，不管用什么样的方法，让自己处在专注而放松的心流状态的时候，就像一个打了多年球的高尔夫球手，他终于知道，原来打球是不需要用力气的，甚至不需要用意念，他只需要放松，专注放松不去想地去打，甚至连球的方向都不要看。

他慢慢意识到，那种抛除了自己的妄心，只看到最后剩下的那个念头、那个愿望、那个期待对生命的指导。

我有个朋友去参加内观训练营，打坐了七七四十九天。其中有一个功课就是，每升起一个念头，你就要看清那个念头是不是你真正要的。他不断地升起念头，不断地否定，不断地放下。就像老子在《道德经》里说的："为学日益，为道日损。损之又损，以至于无为。无为而无不为。"就是你不断地做减法。

当年我在帮某些品牌做设计的时候也是一样的，你把所有觉得没有必要的图案和设计都砍掉，那个设计基本就可以了。

同时还有一个更有意思的例子，我在大学里学的是电视编导，其中一门是摄影课，老师跟我们说，摄影这门艺术和绘画最大的不同是，绘画是加法，每一笔都添加在纸上，而摄影是减法，你只是需要在镜框里，去掉所有不合适的元素，寻找一个最简洁的角度，拍出一张最好的照片。

这些东西都在指向一件事情，当你不断地澄澈自己，在内心不断做减法的时候，你就越来越逼近你的真心。你终于知道，你的真心和你的妄心之间是有区别的。你真正要的东西，和你表面上以为你要的东西，你是知道的，你是可以知道的。

把一切妄心的东西减掉之后，剩下的就是你要的，这就是你的选择。

所以选择困难的本质，并不是对未来世界不了解，而是对自己真正欲望和恐惧的不了解。

一个清晰知道自己要什么的人，不会有选择焦虑或恐惧。没有方向的船，任何风都不是顺风。

而你要的东西，不是你想出来的，不是后来慢慢形成的，而是与生俱来的，或者是在你很小的时候就形成了。它一直在那里，只是后来被覆盖了很多东西，你看不见它了。

所以从迷信到德性，最终回到率性，你足够诚实、足够率性的时候，就不会有选择焦虑或选择恐惧，你就走你要的那条路，做你应该做的选择。而往往这种选择具有无以复加的力量，因为它是一体的。如果说你有天命的话，总有些事情是你必须认真去做的，是你喜欢做的。

所以人这一辈子真正重要的事，并不是去做什么，而是发现，发现那个真正想要的、真正喜欢的东西，那个真正让你觉得你在与它同在的东西，你无所畏惧、无所怀疑的东西，像极了我们遇到真爱的样子。

当然还有很多人说，我这一辈子都没找到过真爱，没有真正的人生使命，一切都是虚无。你怎么知道，让自己待着不是你人生的使命？好好地、舒服地、自在地、没有畏惧、没有亏欠地活着，对于大部分人来说，就是他的使命。天下本无事，庸人自扰之。

如果你承认你不是一个惊天动地的伟人，或者说最终承认这一点的话，你其实大部分时候是不必要烦恼的。人生大部分痛苦是不必要的。

我曾经提到过，有一些人，他只向生老病死学习，没有太多复杂的语言和逻辑，没有什么花哨的词汇，他就是安静地活他的每一天。他来就来了，走就走了，但是人们会觉得他特别有魅力。

我父亲就是这样的一个人，从小到大，他没有对我提过任何要求。没有问过我的成绩怎么样，但他爱我，这四五十年作为父子的共同的人生旅途中，我知道他爱我，我从来没怀疑过这一点。

后来在他人生的最后一两年，我在和他交流的时候，就问他为什么对我没什么要求。他说："我为什么要对你有要求，我对自己都没有什么要求。你开心、健康，我就很满足了，你能够有今天的成就，已经完全超出了我的预期，你没有这些成就我也会爱你。你能不能成为别人眼中的梁冬，与我有什么关系？"

在那个瞬间我才意识到，原来一个自在的、对自己和他人没有过多不必要的幻想和要求的人是这样思考的。我从来没有听过我父亲对任何人有抱怨或怨恨，他从来没有担心过自己有钱还是没钱，尽管他的退休金只有一点。难道这不好吗？难道这不是大多数人应该有的人生的占卜结果吗？

所以，如果你是一个天选之子，你就有伟大的使命要去完成，放心，你逃不过的，生命会逼着你走这条路。如果你不是，也不用逼自己，好好地做一个对他人无伤害，对自己无愧疚的人，就已经相当合乎天命了。

不是每个人都需要推动世界做出巨大的改变，如果非要有的话，只有一点，多生几个孩子。爱因斯坦的爷爷对人类最大的贡献，就是生出了爱因斯坦的爸爸。你永远不知道自己的后代里，会不会也有那个拯救人类的人。如果有，你对人类亦有贡献。

相信相信的力量

说回来，我们该怎么读《周易》？你就读故事就好了，你就想，周文王如何度过了他的一生？他是如何小心翼翼地记录了他的人生故事和回忆？

如果他的故事具有某种遥远的相似性，如果他的文本本身就是这个宇宙的诸多故事之一，而因为大家相信他，所以无数聪明的人在对《周易》进行注解，无数聪明的人在使用《周易》，这个过程本身为这个元故事注入了越来越多的生机和可能性。这让《周易》作为一种足够多人相信的东西，充满了生命力。

就像唐僧在《西游记》里手无缚鸡之力，老抱怨孙悟空又打错了人、又做得不合适，他几乎对任何妖精都没有鉴别能力，也没有特异功能，不会飞、不会跑、不会武功。他怎么就能成为唐僧呢？

以前我很不理解，后来才悟到，他有一样东西，他相信。他相信西天取经这件事，在整个故事里你不会看到他说不干了，要往回撤，他一直头朝西。这样的相信，让西天取经这段生命的旅程变得可行，这是唯一重要的事情。

因为相信，因为很多人相信，"易"是有特殊能力的，这个相信本身就是魔法的源泉。

每一个人都把他的相信注入这个生命体中，延续几千年，它就构成了足够多的人的共识，这个共识就是生命的内核。相信的共识就是生命的内核，所以相信什么可能没有那么重要，相信本身就是生命。

我和吴伯凡老师曾经讲过一个故事，第二次世界大战时期盟军走投无路，在山里迷路了，大家都非常绝望，这个时候他们发现了一个已经被废弃的木屋，在里面发现了一个羊皮卷地图，大家看不懂上面的文字，只能根据图形，最终走出了这个密林，获得了生机。

若干年之后，有认识那种文字的人发现，那根本不是这个地方的地图。一群人凭借错误的地图走了出来。说明什么？说明地图不重要，相信更重要。

反观我们的人生，绝大部分人在过去的几十年里，只要在某个领域长期坚持，大概率你不会变得太差。

我在读中学的时候，每天早上七点零八分，我会从我们家推出自行车，顺着巷子自西向东，走到巷口去学校。

我总是在这个时候碰见一个人，他从一个出租屋里出来，拿出六只烧鹅，塞到自行车后座上，拿到街头去卖。

三十多年之后，有一天我看《广州日报》评选"广州十大烧鹅"，居然就有这位"七点零八分先生"。他已经用卖烧鹅赚的钱给自己买了好几辆豪车。

我常常想起这个故事，我这一辈子，经过那么多的学习、筹措、各种机缘，才能在中国文化界里取得一定成绩，但他只是在专注做烧鹅这一件事，好像过得也不差。

　　庄子说，有一些人，只要长期做一件事情，就会与"道"相合，我觉得做烧鹅也是一样的。当然，有一个很重要的原则，就是他的烧鹅确实好吃。坚持做烧鹅，和你一直喜欢做烧鹅，并且把它做得很好吃，这背后都是你对这件事的相信。

　　让我们重新审视一下我讲的这一堆貌似零散的故事，其实其中一直贯穿着那几个字：从迷信到德性，从德性到率性，你就会通天。你就会洞察内心，你就会展望未来，你就能知道别人在想什么。**都可以，因为你本来就会，如果你足够诚实的话。**

　　最后，特别鸣谢各位老师：蔡志忠、段永朝、何新、刘擎、徐勇、吴伯凡、徐文兵、萧斌、左常波、陈鲁豫、陈黎芳、蒙曼、许静、梁宁、余建军、陈小雨、魏明、李硕、杨鑫。感谢湛庐文化韩焱老师以及各位编辑老师们。感谢参与其中的各位同仁：小马哥、小贝、许长荣、申浩、黄智、乐敏、夏元、杨梦思。若有疏漏之处，恳请海涵。

《易经入门：何新讲周易》

本书为何新集三十年的研究之功，结合帛书，参以天文学、训诂、哲学、人类学的知识和方法，综合象数和义理，对《周易》经传做了翻译和解说，以现代视角系统阐释这部古老经典的哲学内涵与卜筮逻辑。书中梳理了《周易》的历史渊源、卦象结构及阴阳辩证思想，重点解析六十四卦的象征意义与现实关联，兼顾义理与象数传统。

《翦商：殷周之变与华夏新生》

《翦商：殷周之变与华夏新生》是历史学者李硕所著，聚焦殷周之变，以考古证据与文献互证，重构华夏文明重大转折。书中梳理了上古人祭风俗产生、繁荣和消亡的全过程，揭示商朝血腥人祭传统，周族如何从商朝附庸崛起，最终通过武王伐纣终结商文明，并以"德"为理念重塑华夏文化根基。本书打破传统叙事，结合甲骨文、墓葬遗存，呈现上古历史的残酷与复杂。

《高岛易断》

《高岛易断》是日本明治时期易学大师高岛吞象的经典著作，系统阐述其独特的《周易》占断理论与方法。高岛以数十年实战经验为基础，结合儒家义理与象数思维，深入解析卦爻辞的吉凶应验，并附有大量真实占例，涵盖政治、军事、商业等领域。他强调"至诚无息"的占卜态度，主张占者须心正意诚方能与易道相通。该书既是实用占筮指南，又蕴含深刻哲学思考，被誉为日本易学研究的巅峰之作，对易学界影响深远。

《大时间：重新发现易经》

《大时间：重新发现易经》是学者余世存以现代视角重新解读《易经》哲学的著作。全书打破传统卦序，独创"六十四卦时空模型"，将卦象与节气、历史、人生阶段相对应，揭示《易经》作为"变化之书"的深层智慧。作者以诗性语言阐释卦爻辞，赋予其当代意义，强调"万物皆有时"的生命节奏，引导读者在快节奏社会中寻找天人合一的秩序感。该书融合天文历法、人文思考，既是对经典的创新诠释，也为现代人提供了一种理解时间、命运与自我成长的新范式。

《皇极经世书》

《皇极经世书》是北宋理学家邵雍的传世巨著，构建了一套贯通天人的宇宙历史哲学体系。全书以"元会运世"为时间单位，将天地万物纳入"先天易学"数理模型，推演人类历史兴衰与自然变迁的周期性规律。邵雍独创"皇极数"算法，融合《周易》象数、阴阳五行与天文历法，试图以数学方式揭示宇宙演化密码。该书既是古代中国最具雄心的历史预言著作，也是宋代理学"象数学派"的核心经典，展现了传统士人"究天人之际"的终极思想抱负。

《邵雍全集》

《邵雍全集》是北宋理学大家、象数学派创始人邵雍（1011—1077）的著作总汇，系统收录其《皇极经世书》《伊川击壤集》《渔樵问对》等代表作。全书以"先天易学"为核心，构建融宇宙论、历史哲学、数学推演于一体的宏大体系，独创"元会运世"时空模型和梅花易数占测法。邵雍将《周易》数理思维推向极致，用数学语言诠释天地万物规律，其诗作更将理学境界化为生活美学。该全集不仅是宋代象数易学的巅峰之作，更展现了"观物穷理"的终极智慧，对后世易学、理学影响深远。

《梅花易数》

《梅花易数》是中国古代著名的占卜经典，由北宋理学家邵雍所著。全书以"先天八卦"为基础，创立了一套简便灵活的占断体系，尤以"梅花心易"著称。其核心方法是通过数字、方位、外应等元素快速起卦，结合五行生克进行吉凶推断。书中包含丰富的实用占例，涵盖天气、人事、疾病等领域，强调"心易"的直觉领悟。作为中国占卜史上影响最广的著作之一，它将深奥的易理转化为操作性极强的预测术，至今仍是研习象数易学的重要入门典籍。

《金花的秘密》

《金花的秘密》是瑞士心理学家荣格与学者卫礼贤合作解读道教经典《太乙金华宗旨》的跨文化研究著作。该书通过分析道教内丹修炼的"金花"意象，揭示其中蕴含的集体无意识原型，展现了东西方精神修炼的深层共鸣。荣格认为，道教"回光守中"的修行法门与西方心理学"自性化"过程高度契合，金花象征人类心灵完美的统一境界。这部开创性著作不仅为分析心理学提供了东方参照系，也让西方世界首次认识到道教内丹学的现代心理学价值，成为东西方思想对话的里程碑。

《东洋冥想的心理学》

《东洋冥想的心理学》是荣格学派心理学家对东方禅修体系的深度心理学解读。该书聚焦禅宗、瑜伽等东方冥想传统，分析其意识转化机制与集体无意识的关联，揭示坐禅、参公案等修行法门对心理整合的独特作用。通过比较冥想中的"空性"体验与西方潜意识理论，作者指出东洋冥想为现代人提供了一条超越局限、抵达自性圆满的心理学路径。

《当泡利遇上荣格》

《当泡利遇上荣格》记录了诺贝尔物理学奖得主沃尔夫冈·泡利与心理学家荣格的思想对话。书中揭示 20 世纪两位大师如何通过梦境分析，在量子物理与深层心理学之间架起桥梁。泡利以"微观世界不可观测性"呼应荣格的"集体无意识"理论，共同探索物质与精神的深层统一性。这些珍贵通信展现了精密科学巨匠对神秘体验的开放性态度，以及分析心理学对科学认知的启示。该书不仅是科学与心理学交叉研究的经典案例，更为理解意识与现实的本质提供了革命性视角。

《中医火神三书》

《中医火神三书》是系统阐述火神派医学理论的核心典籍，包括《医理真传》《医法圆通》《伤寒恒论》三部经典。该学派由清代名医郑钦安创立，强调"人身立命在乎水火"的学术思想，以坎离卦象阐释人体阴阳根本，主张"阳主阴从"的辨证观，善用姜、附等辛热药物治疗阴证。三书从易理、脉法到用药层层深入，将《伤寒论》理论与周易哲学完美结合，开创了"扶阳学派"诊疗体系，至今仍是中医临床重要的辨证范式，对疑难重症治疗具有独特指导价值。

《圆运动的古中医学》

《圆运动的古中医学》是民国中医大家彭子益的传世之作，以"圆运动"理论重构中医核心体系。该书将人体气机升降归纳为"中气如轴、四维如轮"的动态模型，以脾胃为枢纽，阐释五脏循环生克的能量运动规律。作者用通俗语言解析《内经》《伤寒论》精髓，结合卦象揭示生理病理的圆周性，强调"阴阳互根、一炁周流"的生命本质。这部融合易学思维的经典，既保存了古中医精髓，又为现代临床提供了简洁实用的辨证框架，被誉为"打开古中医之门的总钥匙"。

未来，属于终身学习者

我们正在亲历前所未有的变革——互联网改变了信息传递的方式，指数级技术快速发展并颠覆商业世界，人工智能正在侵占越来越多的人类领地。

面对这些变化，我们需要问自己：未来需要什么样的人才？

答案是，成为终身学习者。终身学习意味着永不停歇地追求全面的知识结构、强大的逻辑思考能力和敏锐的感知力。这是一种能够在不断变化中随时重建、更新认知体系的能力。阅读，无疑是帮助我们提高这种能力的最佳途径。

在充满不确定性的时代，答案并不总是简单地出现在书本之中。"读万卷书"不仅要亲自阅读、广泛阅读，也需要我们深入探索好书的内部世界，让知识不再局限于书本之中。

湛庐阅读 App: 与最聪明的人共同进化

我们现在推出全新的湛庐阅读 App，它将成为您在书本之外，践行终身学习的场所。

- 不用考虑"读什么'。这里汇集了湛庐所有纸质书、电子书、有声书和各种阅读服务。
- 可以学习"怎么读'。我们提供包括课程、精读班和讲书在内的全方位阅读解决方案。
- 谁来领读？您能最先了解到作者、译者、专家等大咖的前沿洞见，他们是高质量思想的源泉。
- 与谁共读？您将加入优秀的读者和终身学习者的行列，他们对阅读和学习具有持久的热情和源源不断的动力。

在湛庐阅读 App 首页，编辑为您精选了经典书目和优质音视频内容，每天早、中、晚更新，满足您不间断的阅读需求。

【特别专题】【主题书单】【人物特写】等原创专栏，提供专业、深度的解读和选书参考，回应社会议题，是您了解湛庐近千位重要作者思想的独家渠道。

在每本图书的详情页，您将通过深度导读栏目【专家视点】【深度访谈】和【书评】读懂、读透一本好书。

通过这个不设限的学习平台，您在任何时间、任何地点都能获得有价值的思想，并通过阅读实现终身学习。我们邀您共建一个与最聪明的人共同进化的社区，使其成为先进思想交汇的聚集地，这正是我们的使命和价值所在。

CHEERS

湛庐阅读 App
使用指南

读什么
· 纸质书
· 电子书
· 有声书

怎么读
· 课程
· 精读班
· 讲书
· 测一测
· 参考文献
· 图片资料

与谁共读
· 主题书单
· 特别专题
· 人物特写
· 日更专栏
· 编辑推荐

谁来领读
· 专家视点
· 深度访谈
· 书评
· 精彩视频

HERE COMES EVERYBODY

下载湛庐阅读 App
一站获取阅读服务